RICH CONSULTANT
POOR CONSULTANT

稼げるコンサルタント 稼げないコンサルタント

実践経営コンサルタント
柳生雄寛
Taketomo Yagyu

すばる舎リンケージ

士業、コーチ、カウンセラー、起業家、必読！
自身も１日35万円以上のコンサルフィーを獲得し、
５００人以上を指導してきたコンサルタント育成のプロが
定価55万円の養成講座だけで伝授している
コンサルティングで稼ぐ秘訣を１冊にまとめました！

「あなたの時給はいくらですか？」

私はよくこの質問をします。

この本のタイトルは、『稼げるコンサルタント　稼げないコンサルタント』ですが、稼げるコンサルタントは、何よりも、この「時給」にこだわっています。

「時給」とは、〝1時間あたりにあなたがクライアントに提供した価値〟と言い換えてもいいでしょう。

そして、もし、あなたが自分の「時給」を明確に認識していないのなら、今すぐに意識を変えなければ、一生稼げるコンサルタントにはなれません。

時給がわからなければ、あなたの理想の年収を得るために、「何をいつまでにやればいいのか」ということがわからないからです。

稼げるコンサルタントの特長とは？

「クライアントを見つけられない、コンサルティング依頼が来ない」

「コンサルティングの単価が上げられず、稼げない」

「売上が上がらず、生活が楽にならない。年収がコンサルタントの平均にも達しない」

「クライアントにどういうアドバイスをすれば、結果が出るのかわからない」
「クライアントとの信頼関係を築けない」
「依頼される仕事が単発ばかりで継続的な契約が結べない」
「コンサルティングに時間、場所を拘束されて、費用対効果が薄い」
「こんなことなら、コンサルタントにならなければよかった……」

稼げないコンサルタントは、このような悩みを抱えています。サラリーマンをやめて、コンサルタントとして独立したけれど、会社員のときのほうがお金の面でも精神的な面でもよかったと言う人は多いのです。逆に言うと、稼げるコンサルタントはこのような悩みを解決している人とも言えます。

しかし、このような悩みが起こるのは仕方のないことです。

なぜなら、多くのコンサルタントは、**稼ぐためのコンサルティングの技術を学ぶ機会がない**からです。簡単に言うと、我流でコンサルティングをしているので、稼げるコンサルタントがやっていることの逆をやってしまっているのです。

そこで、私はこの本の中で、稼げるコンサルタントが共通して持っている特長を述べていきます。

業種・業態・規模に関係なく、結果を出すためのノウハウ

私は、**船井総合研究所**で**1日35万円以上の報酬**を得る**トップコンサルタント**として経験を積み、現在では独立し、多くの企業のコンサルティングに入っています。また、同時に、稼げるコンサルタントを育成するための塾を開催し、日々力を注いでいます。

現在までに、**500人以上の塾生**を世に送り出してきました。私の塾から、稼げるコンサルタントになり、**年収1億円を達成した人もいます**。

本書は、そんな私が、船井総合研究所、コンサルタント養成講座を通して出会ってきた、多くの**稼げるコンサルタントの共通点を1冊に**まとめたものです。

私が、稼げるコンサルタントを育てるために一貫して教えているノウハウは、「業種・業態・規模に関係なく、結果を出すためのノウハウ」です。

このノウハウにこだわっている理由は3つあります。

まず1つ目は、情報を切り売りするだけのコンサルタントは生き残れないからです。情報を切り売りするだけのコンサルタントは、言葉通り、新しい情報を仕入れて、クライアントに伝えて稼ぐコンサルタントです。

何が問題かと言うと、新しい情報がどんどん仕入れられるのならいいのですが、常に新しい経営手法が生み出されるわけではないので、クライアントに与えることができるノウハウが枯渇することです。新しい情報が仕入れられなければ、コンサルタントとして稼げなくなります。

また、情報を切り売りする手法は、大手のコンサルティング会社が得意としており、情報を一気に集められ、資本も大きい相手と戦うことになるので勝ち目はありません。最終的には、価格競争に負け、稼げないコンサルタントになります。

2つ目の理由が、地域密着のコンサルタントとして活躍するためには、コンサルタントは業種に関係なく経営者にアドバイスができるようにならなければいけないからです。つまり、〝○○専門のコンサルタント〟というふうになってしまうと、稼ぎにくいのです。

たとえば、あなたが美容室のコンサルタントだとします。

すると、1つの地域では1つの美容室しかコンサルティングができません。

1つの地域で2つ以上の美容室のコンサルティングを行なえば、クライアントにとってのライバルを育てることになるからです。

すると、さまざまな地域でコンサルティングをしなくてはなりません。そうすると、移動の時間が増え、肝心のコンサルティングをする時間が減ります。それでは、当然、成果を上げることは難しいでしょう。もちろん、成果を上げることができなければ、稼ぐことはできません。


3つ目は、業界には成長曲線があり、市場が盛り上がっている場合は稼げるのですが、衰退しているときには稼げないからです。

衰退している業界でしか力を発揮できないコンサルタントは、つねにジリ貧になってしまいます。

このような理由から、私は「業種・業態・規模に関係なく、結果を出すためのノウハウ」を教えるということにこだわっています。本書でも、私のノウハウをふんだんに盛り込んでいます。

私の教え子も、経営の知識ゼロから学び、結果を出しているコンサルタントがほとんどなので、あなたにも必ず実践することが可能です。

1時間あたりの単価を上げる方法をお伝えします

ここで、冒頭の問いを思い出してみてください。

「あなたの時給はいくらですか？」

コンサルタントの平均年収は６００万円ほどだと言われています。

本書では、**最低でも年収１０００万円**のコンサルタントを目指します。

現在年収1000万円を超えている方は、年収3000万円のコンサルタントを目指すためのヒントを書きました。

さらに、現在年収3000万円を超えている方には、年収1億円のコンサルタントになっていただけるようなヒントを書かせていただきました。

年収1000万円のコンサルタントは、「時給5000円」です。

このくらいだったら、楽勝でしょう。実際、**私の生徒には、年収1000万円を稼いでいるコンサルタントはゴロゴロいます。**

1000万円 ÷ 12カ月 ＝ 84万円。

1カ月に21日働くとしたら、日給は4万円（84万円 ÷ 21日 ＝ 4万円）必要です。

実働8時間だと考えれば、時給は5000円（4万円 ÷ 8時間 ＝ 5000円）です。

では、3000万円では？

「時給1万5000円」

です。

1億円では？

「時給5万円」

です。

この時給を稼ぐために、どんなことをすればいいのか、それを考えられる人が、稼げるコンサルタントになることができます。

だからこそ、今、自分は時給がいくらで、理想の年収になるためには、時給にしていくら足りないのかを考えなければなりません。

そういう視点を持ててこそ、「今、何をするべきなのか」が明確になり、実際に行動を起こすことができるのです。

つまり、コンサルタントとしてのあなたの1時間あたりの単価を上げるための方法や考え方を、いろいろな要素を切り口にご紹介していくのが本書です。

多くの人が、はじめは稼げないコンサルタントです。私はそういう人を稼げるコンサルタントに育てることに多くの時間を注いできました。

知識ゼロの人を、稼げるコンサルタントに育てるために、**誰でも短期間で実践できるノウハウ**をつくり上げました。

それは、私のコンサルタント養成講座で、５００名以上の塾生を通じて、**実践済み、証明済み**です。非常に再現性の高いノウハウになっています。

本書をきっかけに、あなたが稼げるコンサルタントになるための一歩を踏み出していただけたら幸いです。

それでは、第1章から、気軽に読み進めてみてください。

柳生 雄寛

２０１５年３月23日

はじめに　2

士業、コーチ、カウンセラー、起業家、必読！
自身も1日35万円以上のコンサルフィーを獲得し、
500人以上を指導してきたコンサルタント育成のプロが
定価55万円の養成講座だけで伝授している
コンサルティングで稼ぐ秘訣を1冊にまとめました！

第1章

年間報酬3000万円を実現し、1億円超えも現実的になる「年収戦略」の違い

01
稼げないコンサルタントは**年収1億円に憧れているだけで、**
稼げるコンサルタントは**年収1億円の時給がいくらか言える** 22

02
稼げないコンサルタントは**三つ星レストランの料理人を目指し、**
稼げるコンサルタントは**ファーストフード店をフランチャイズ化する** 28

03
稼げないコンサルタントは**年収を上げようとし、**
稼げるコンサルタントは**時給を上げる方法を考える** 36

04
稼げないコンサルタントは**スケジュールを詰め込み、**
稼げるコンサルタントは**あえて稼がない時間をつくる** 47

05
稼げないコンサルタントは**年収を一気に2倍にしようとし、**
稼げるコンサルタントは**時給の上昇を1・3倍以内に抑える** 52

06
稼げないコンサルタントは**商品開発をしようとし、**
稼げるコンサルタントは**短時間で稼ぐ方法を考える** 56

第2章

嫌な客をシャットアウトし客単価も7倍になる「営業戦略」の違い

07 稼げないコンサルタントは目の前のお客さんに売り込み続け、稼げるコンサルタントはお客さんが自ら探して集まってくる仕組みをつくる 64

08 稼げないコンサルタントは劇的なV字回復を狙い、稼げるコンサルタントは成功する会社を確実に成功させる 70

09 稼げないコンサルタントは目先の金欲しさに仕事を引き受け、稼げるコンサルタントは好き嫌いで仕事を引き受ける 76

10 稼げないコンサルタントはどうやるかを重視し、稼げるコンサルタントは誰とやるかを重視する 81

第3章

時給5万円のコンサルフィーを獲得する「対人スキル」の違い

11 稼げないコンサルタントは真剣な眼差しでジーッと話を聞き、稼げるコンサルタントはうなずきながら話を聞く 86

12 稼げないコンサルタントは自分の考えを押し付け、稼げるコンサルタントは相手の価値観を認める 94

13 稼げないコンサルタントはレスポンスがワンパターンで、稼げるコンサルタントはレスポンスに緩急をつける 102

14 稼げないコンサルタントは自分で決めようと迷い、稼げるコンサルタントはクライアントに決めさせる 110

第4章

年収1000万円超えが当たり前になってしまう「マインド」の違い

15 稼げないコンサルタントは言葉の定義が曖昧で、稼げるコンサルタントは言葉の定義が明確である 116
16 稼げないコンサルタントは自分の価値観が曖昧で、稼げるコンサルタントは自分の価値観が明確である 126
17 稼げないコンサルタントは相手の視点に立てず、稼げるコンサルタントは目配り・気配り・心配りができる 134

18
稼げないコンサルタントは**情報・知識を盲信し、**
稼げるコンサルタントは**考え方を大事にする**
140

19
稼げないコンサルタントは**将棋の駒の動かし方がわからず、**
稼げるコンサルタントは**将棋の駒の動かし方を熟知している**
148

20
稼げないコンサルタントは**作業を手伝い、**
稼げるコンサルタントは**仕事の手助けをする**
154

21
稼げないコンサルタントは**コンサルタントの仕事が何かを理解しておらず、**
稼げるコンサルタントは**コンサルタントの仕事の本質を理解している**
160

22
稼げないコンサルタントは**捨てることができず、**
稼げるコンサルタントは**スパッと捨てる力がある**
166

第5章

500人以上に伝授した業種・業態・規模関係なく使える「コンサルスキル」の違い

23 稼げないコンサルタントは無駄な努力を重ね、稼げるコンサルタントは成功の4ステップを踏む 176

24 稼げないコンサルタントはすべてを向上させる仕組みをつくり、稼げるコンサルタントは続ける仕組みをつくる 182

25 稼げないコンサルタントはやみくもにダイエットをし、稼げるコンサルタントはダイエットの動機が明確である 186

26 稼げないコンサルタントは価値が勝手に伝わると考え、稼げるコンサルタントは価値を言葉に変えて伝える 196

27
稼げないコンサルタントは**成功を説明できず、**
稼げるコンサルタントは**成功をキーワードで説明できる**
202

28
稼げないコンサルタントは**社員を応援するだけで、**
稼げるコンサルタントは**社員にゲームを楽しませる**
210

29
稼げないコンサルタントは**物事を漠然と考え、**
稼げるコンサルタントは**物事を分解して考える**
214

第6章
億万長者も実践している1冊の本を100回反復する「学習戦略」の違い

30 稼げないコンサルタントは**他人に投資し、**
稼げるコンサルタントは**自分に投資する** 220

31 稼げないコンサルタントは**矢沢永吉もサザンもうろ覚えで歌い、**
稼げるコンサルタントは**矢沢永吉の歌1曲を完璧に歌い上げる** 228

おわりに 236

※本文中に登場する商品名、企業名、ブランド名、サービス名などは、一般に商標として登録されています。
ただし、本書では煩雑になるのを避けるため、一部、Ⓡ表記などは省略しております。

第　1　章

年間報酬
3000万円を実現し、
1億円超えも現実的になる

「年収戦略」
の違い

hint 01

稼げないコンサルタントは
年収1億円に憧れているだけで、

稼げるコンサルタントは
年収1億円の時給がいくらか言える

「1億円プレイヤーになりたいな〜」

会社員をやめ、独立したてのコンサルタントは、このような夢を抱きます。しかし、こういった漠然と夢を見ているコンサルタントは、一生、年収1億円に届くことはありません。

1億円という数字は、漠然としすぎています。これでは一体どんな仕事を、どれくらいの時間すればいいのかがわかりません。

何を何時間でやるのかが明確でなければ、いいコンサルティングはできないので、クライアントに結果を出させることもできません。

したがって、お金を稼ぐことなど不可能なのです。

1億円の収入を得ているコンサルタントは、**1時間あたりいくら稼げばいいのか**を知っています。

年収1億円の時給はいくら？

「年収を1億円にしたいんです！」

このような相談をしてくる人がよくいますが、私はこう相談をしてくる人にいつも尋ねることがあります。

「年収1億円なら、1時間でいくら稼げばいいのか知ってる？」

「つまり、年収1億円は時給でいくら？」

この質問に**パッと答えられた人は、年収1億円を達成できる可能性が高い**です。

しかし、こう聞くと、多くの人はそのときにはじめて頭の中で計算し始め、その答えを考えます。

これでは、なかなか1億円には届きません。

「1時間あたりいくら稼げばいいのか」

「では、それだけ稼ぐにはどんな仕事をすればいいのか」

という視点がないからです。

年収1億円＝時給5万円です。

1億円÷12カ月＝840万円（1カ月で稼ぐべき金額）

1カ月に21日働くとしたら、日給は40万円（840万円÷21日＝40万円）必要です。

実働8時間だと考えれば、時給は5万円（40万円÷8時間＝5万円）です。

ここまで明確になってはじめて、1時間で5万円を稼げるコンサルティングの内容を決められるのです。

年収1億円を時給5万円だと知っている人と知らない人とでは当然結果が違います。

Aさんは、とにかくがむしゃらに年収1億円を目指してコンサルティングをしています。

Bさんは年収1億円になるためには、時給は5万円でなければならないとわかっているので、その金額を稼ぐ仕組みを考えながら働いています。

どちらが1億円を稼ぐ可能性が高まるか、と言えば間違いなく後者です。

分解してみるという視点を持っている人ほど強いのです。

今すぐできる年収1億円へのアクション

年収1億円稼ぐためには、時給は5万円だ、と計算するのにスーパーコンピューターは必要ありません。電卓も必要ありません。

大学で学ぶような高等数学の方程式も必要ありません。また、時給を計算するのに、1年、2年とかかるはずはありません。

しかし、多くのコンサルタントがこの時給を割り出す計算をやっていないのです。

簡単に言ってしまえば、1億円稼ぎたいと〝思っているだけ〟だということです。

1億円を稼ぎたいのなら、今この瞬間に何をすればいいのか、と〝決める〟ことが大切なのです。

漠然と1億円を稼ごうと思っても、やるべきことをイメージできません。「**1時間に5万円得るためには、どうするか**」という思考がなければ稼げないのです。

何事も明確にして、何をやるのかを決めなければ、目標は達成されないのです。

稼げる
コンサルタントの考え方

01

漠然と大きな目標を立ててもなかなか達成できない。目標を分解して、この瞬間に何をすべきかを見極めること。今この瞬間に何をすべきかを決めることが非常に大切。

hint 02

稼げないコンサルタントは

三つ星レストランの料理人を目指し、

稼げるコンサルタントは

ファーストフード店をフランチャイズ化する

この項目は、誤解を恐れず私の考えていることを思い切って述べたいと思います。お金のことしか考えていない著者だな、と思われるかもしれませんが、この本のコンセプトが稼げるコンサルタントの特長を述べることである以上、避けては通れない項目なのです。

ただし、お客さんの役に立つノウハウを身に付けておくということは、必ず前提にしてください。ここが抜け落ちると、社会的に貢献できないコンサルタントになってしまうからです。では、本題に入りましょう。

稼げるコンサルタントになるためには、ファーストフード店をつくり、フランチャイズ化しなければなりません。

稼げないコンサルタントは、高級店のオーナーシェフで終わります。

どういうことかと言うと、**自分のノウハウを商品化**して、販売を広げられなければ、本当の意味での稼げるコンサルタントにはなれないということです。

ノウハウとは、料理で言えば素材になります。たとえば、料理の素材となる神戸牛そのものはノウハウになります。

コンサルタントは、自分のつくり上げたノウハウをより多くの経営者に活かしてもらうことで、稼ぎにつながります。

つまり、例えるなら、自分が育て上げた神戸牛を、どうすれば、より多くの人に食べてもらえるかを、工夫して料理していける人が稼げるコンサルタントなのです。

しかも、自分だけで料理をせずに、他人にもその神戸牛を使った料理をしてもらえる仕組みをつくり上げた人が稼げるコンサルタントになれるのです。

簡単に言うと、自分のノウハウを商品化（コンテンツ化）して、**広く販売できる人が稼げるコンサルタントになれる**のです。

お客さんがお店に食事をしに来ても、素材である神戸牛そのものを買ったりはしません。コンサルタントが、ノウハウである神戸牛を美味しく育てたとしても、そのままでは素材を売ることになるので、多くの人にお金を払ってもらうことはできないのです。

神戸牛を料理して出さないと、お客さんは買いにくいのです。ステーキかしゃぶしゃぶか焼肉などにして提供しなければなりません。コンサルタントも同じです。

年収1億円の道は、フランチャイズ化

では、どうすればいいのかと言えば、ノウハウをコンテンツ化して提供するということです。

つまり、あなたのノウハウを、経営者育成や店長育成、二代目育成などの塾やセミナーであったり、CDであったり、DVDであったり、メルマガであったり、書籍であったり、お客さんが食べやすいように料理（コンテンツ化）して、発信することではじめて稼ぐことができるということです。

さらに、ステーキ屋でも、お店のランクがあるように、コンテンツにもランクがあります。三つ星のお店もあれば、食べ放題のお店があるように、**高額のコンテンツから、低額のコンテンツまでグレードがある**のです。それをいかに戦略的に提供できるかが大事になります。

私の場合で言えば、三つ星レストランのオーナーシェフが『サムライコンサル塾』で、しゃぶしゃぶ店のフランチャイズ化が『成功塾®』で、ファーストフード店のフランチャイズ化にあたるのが『自己PR教室®』というものになります。

多くのコンサルタントは、ノウハウ自体は持っているはずです。しかし、そのノウハウを自分でコンテンツ化できていないから稼げないのです。

繰り返しますが、ノウハウだけあっても稼げません。素材そのままでは誰も買えないからです。

私が、『サムライコンサル塾』、『成功塾』、『自己PR教室』とコンテンツのグレードを3種類にしているのには理由があります。

それは、**人間は昔から松竹梅など、3つの選択肢があると選びやすく、**どれかを購入してくれる可能性が高まるからです。

職人から経営者になる

しかし、ここで多くのコンサルタントが間違っているのが、三つ星レストランをつくることだけに注力してしまうということです。

三つ星レストランのオーナーシェフは、フランチャイズのファーストフード店のオーナーに比べると、1つひとつの料理の技術や単価は高いでしょう。

しかし、ビジネスとして考えた場合、売上規模と利益が大きいのは、ファーストフード店をフランチャイズ化するオーナーです。

稼げないコンサルタントは、技術力の高い職人になろうとしてしまいます。つまり、単価が高いコンサルタントになることだけを目指しています。

もちろん、本書の目的はコンサルタントとしての単価を上げることですし、職人としての技術を磨くことは大切です。しかし、年収3000万円以上を目指すのであれば、職人から経営者にならなくてはいけません。

『サムライコンサル塾』は、単価は高いですが、職人の仕事になります。私というシェフが包丁の代わりにマイクを握って、直接、お客さんにノウハウを伝えるからです。

しかし、『成功塾』というのは、しゃぶしゃぶ店のフランチャイズになります。30カ所の支部を持ち、私のノウハウを学んだ人がそれぞれの地域で、ノウハウをお客さんに伝えます。

『成功塾』のDVDを送って、そのDVDを流しながらセミナーを開催できるということです。誰もが、私と同じ味を出せるような仕組みになっています。

しかし、このフランチャイズよりも、さらにファーストフード店のフランチャイズのほうが単価は安いですが、事業規模としては大きいのです。

料理の技術も高い必要はないのですが、こちらのほうがビジネスとしては大きいのです。

そこで、私は、さらに低価格で『自己ＰＲ教室』というものをフランチャイズ形式で開催しています。これがファーストフード店のフランチャイズ化になります。

しかし、考えてみてください。使っているお肉（材料）はいつも同じ神戸牛なのです。私のノウハウです。『サムライコンサル塾』も『成功塾』も『自己ＰＲ教室』も材料、つまりノウハウは同じなのです。

これをたくさんの人に食べてもらうには、三つ星レストランよりもファーストフード店のほうが有効です。

職人よりも、**いかに経営側に回るかが勝負の分かれ目**になります。これができれば稼げるコンサルタントになっていけるのです。

だからコンサルタントとして、自分にはどんなノウハウを使ったコンテンツがあって、そのコンテンツはどんなグレードに向けてやっていくのかを戦略的に考えていくことが重要なのです。

最初は誰もが自分でノウハウを伝える職人でしょう。この職人から、いかに同じノウハウでさまざまなコンテンツに仕上げて、ファーストフード店をフランチャイズ化できる経営者になれるかが、稼げるかどうかの分岐点になります。

稼げるコンサルタントは経営者感覚を持っています。

稼げないコンサルタントは職人から抜け出せません。

三つ星レストランのオーナーシェフになれば、たしかにそこそこ稼ぐことはできます。しかし、**個人の力では、大きなビジネスは生まれにくい**のです。

いくら一流の職人になったとしても限界があります。それに早く気づき、最初は職人的コンサルタントだったとしても、継続して稼ぐために、経営者的コンサルタントを目指しましょう。

稼げるコンサルタントの考え方

02

職人的発想のコンサルタントは、稼ぎに限界がある。稼げるコンサルタントは、経営者的発想で事業展開する。あなたのノウハウを、いかにコンテンツ化できるかが勝負。

稼げないコンサルタントは年収を上げようとし、稼げるコンサルタントは時給を上げる方法を考える

ビジネス書では、

「自分の理想の年収をイメージする人だけが、その収入を達成する」

と、よく述べられています。

しかし、コンサルタントで年収という単位だけで収入をイメージする人は、稼ぐことはできません。あのようなキレイ事を鵜呑《うの》みにして、「よし！　俺は今年、年収を2倍にする！」と、正月などに目標を立てる人がいますが、そういう人は稼げないということです。

なぜ、「年収を上げよう」と考えるコンサルタントが稼げないのか——。

それは、「数をこなそうとする」からであり、目標が漠然としていて具体策がイメージしにくいからです。

仕事の量で理想の年収を稼ぎ出す、という思考に陥ってしまえば、有効なコンサルティングはできません。

たしかに、単発の仕事を数多く取ってこなせば、1000万円程度ならなんとか稼ぐこともできない額ではありません。しかし、それ以上の年収は達成不可能でしょう。

さらに、数をこなすコンサルタントの問題点は、**永続的に満足できる収入をキープ**

できないということです。仕事は、いつなくなるかわかりません。今年よくても来年も同じ量の仕事が入ってくるとは限りません。

特に、コンサルタントという職業は、もともといなくても経営は成り立ちます。不況などの社会的問題が起これば、仕事が減ってしまうのは当然のことです。

質の高い高単価の仕事が受注できないコンサルタントは、目指す年収まで低単価の仕事で毎日を埋めるしかありません。

1年中低単価の仕事で埋まってしまうと、自分自身のコンサルティングスキルをアップする時間がとれないので、そこで収入も打ち止め状態となり、稼げないままで終わるコンサルタントになります。

年収という単位で収入を目指すと、ついついその目指す年収の金額に到達するまで、やみくもにコンサルティングを引き受けて、結果として気づけば、質より量の仕事で稼ぐスタイルとなります。

量をこなすために単価の低いコンサルティングを引き受け、そのため自分自身コンサルタントとしての成長もないので、質の高い仕事は当然入ってきません。

では、稼げるコンサルタントは、収入に関してどういった考え方をしているのでしょうか？

1時間あたりの単価を上げる

それは、年収を上げることを考えるのではなく、「1時間の単価を上げる」ことを考えています。「はじめに」でもお伝えしました。

たとえば、1億円プレイヤーになるのなら、「1時間5万円」でコンサルティングできる方法を模索するということです。

この視点を持っていれば、仕事の質を重視するようになるからです。クライアントに稼がせるためにはどうすればいいのか、どんなクライアントを選べばいいのか。こういったことを考えられないコンサルタントは、稼げるはずがないのです。

年収という単位で考えてしまうと、数をこなそうとしてしまいます。ギュウギュウにスケジュールが埋まった状態では、1つひとつの仕事に時間をかけることもできず、雑にならざるを得ません。すると、クライアントに結果を出させることができなくなり、稼げるコンサルタントには一生なれないのです。

だからこそ、年収を上げるのではなく、単価を上げることを考えるコンサルタントが重宝されていき、稼ぎ続けているのです。

単価で考えるコンサルタントは、緻密に稼ぐ手段を考えます。

「理想の時給を稼ぎ出すためには、どうすればいいのか？」と考えるので、**具体的なアクションをイメージすることができる**のです。

欲しい時給を稼ぎ出す方法を考え、それを積み上げていったときに、年収は高まるのです。

稼げるコンサルタントの時給が高くなるのではなく、時給の高いコンサルタントが稼げるコンサルタントになるのです。

では、稼げるコンサルタントはどんなことを考えているのかを、具体的にいくつかご紹介していきます。

・時給いくらを手にするか？

当たり前ですが、時給をいくらにするのかを明確にしていなければ、何をするべきなのかがわかりません。

これを明確にしておくことが、稼げるコンサルタントの最低限の条件です。

・「どんなコンサルティング」を「何人」に「いくらで」するのか？

稼げるコンサルタントは、時給◯万円を稼ぐためには、何を何人に対してすればいいのか、ということを考えます。さらに、各々からいくらもらえばいいのか、とも考えます。

個人コンサルティング、グループコンサルティング、スポットコンサルティング、顧問契約、ノウハウをコンテンツ化して売る、ということを、いくらで、何人に対してアプローチしていくのかということを考えます。

・どんな人をターゲットとするか？

理想の年収を分解し、逆算して、目指す時給がわかったら、その額を出してくれるターゲットをイメージし、アプローチします。

・もらうギャラの3倍はクライアントに稼がせる

もし、時給5万円を稼ぎたいのなら、クライアントには3倍の15万円を稼がせる方法を考えます。なぜなら、そうしないと、クライアントはコンサルティングに対してお金を出せないからです。3倍稼がせることができれば、心理的抵抗もなく、あなたにギャラを支払ってくれます。

・なぜ、自分はコンサルタントをしているのか？

稼げるコンサルタントは、なぜ、自分がコンサルタントをしているのか？ということを考えます。

「日本経済を元気にしたい。それなら、企業を元気にしなくてはいけない。しかし、経営者は経営の勉強をせずに勘で経営をしている。では、自分のコンサルティングによって、活躍できる経営者を増やそう」

と考えている人と、

「とりあえず、食いっぱぐれないようにコンサルタントをやっておこう」
と考えている人とでは、どちらが結果を出せるコンサルタントかは明白です。前者のようなコンサルタントと組みたいと思うクライアントが多いことは当然でしょう。

・何を伝えるのか？

どんなノウハウを伝えれば、理想の時給を手にできるのか、を稼げるコンサルタントは考えます。

私の場合は、「業種・業態・規模関係なく結果が出せるノウハウ」を伝え、売上アップ、集客、スタッフ教育、資金繰りなど、経営者の悩みをほぼ網羅して、解決する方法を提供しています。

ただ単に、情報の切り売りをするようなアドバイスでは、他のコンサルタントと自分を差別化することができないので、理想の時給を稼ぎ出すことはできません。

・誰とやるか？

自社のスタッフと一緒にプロジェクトを成功させる、専門家と組んでプロジェクトを成功させるなど、どんなチームでクライアントに有効なアドバイスをしていくかを考えます。

たった1人でコンサルティングする人か、チームや専門家と組んでコンサルティングできる人か、どちらにクライアントがお金を出してくれるかは明白です。

・何回やるか？

対面コンサルティングは1回、メールコンサルティングは無制限、訪問は月1回、電話コンサルティングは1時間など、何回で目指す時給を手にするのか、稼げるコンサルタントは考えます。

・どのようにコンサルティングするか？

対面か、スカイプか、など、どのようにしてコンサルティングするのかも、稼げるコンサルタントは決めています。

・いつからいつまでやるか？

毎月30日の◯時から◯時、1月から3月まで、など、稼げるコンサルタントは期間を設定し、ダラダラと仕事をすることを避けます。

他にもいろいろなことを考えていますが、稼げるコンサルタントは、最低限このようなポイントを押さえています。

最後に、追加で注意するべきことを述べておきましょう。それは、場所とパッケージにこだわらなければならないということです。高い時給を稼ぎ出すためには、この点には注意が必要です。

どこでコンサルティングを行なうかは重要です。

時給5万円をもらうときに、チェーンの安いカフェでコンサルティングをするというのはありえないことです。

「あれだけの額を出しているのに、こんなところでコンサルティングをするとは、私のことをバカにしているのか」と思われてはいけません。時給に合った場所を選び、クライアントの不満が出ないようにするべきです。
また、時給5万円をいただくのに、安っぽいスーツを着てコンサルティングを行なってもいけません。

「安っぽいスーツを着ているコンサルタント＝稼いでいないコンサルタント＝結果を出していないコンサルタント」とクライアントが思うのは当然のことです。

いくらいいノウハウを持っていたとしても、**見た目が頼りなくては、クライアントは高いギャラを払うことに躊躇してしまいます。**

ヴィトンのバックは、ヴィトンの包装紙でくるまれてプレゼントされるから、価値があるのです。くるまれているバックはヴィトンのものだけど、包装紙は新聞紙というプレゼントでは、価値は大きく下がってしまいます。

パッケージを整えることも、コンサルタントの大事な仕事なのです。

稼げる
コンサルタントの考え方

03

目指す年収の前に、目指す「時給」を決めろ！その時給を積み重ねることで、理想の年収をつくり上げることができる。

hint 04

稼げないコンサルタントは

スケジュールを詰め込み、

稼げるコンサルタントは

あえて稼がない時間をつくる

先にも述べましたが、稼げないコンサルタントの特徴は、仕事を詰め込んで、時間を使って稼ぐというものです。

これでは、稼ぐための条件である「生産性の高いコンサルティングをする」という視点が抜け落ちてしまいます。

稼げるコンサルタントは、**生産性にこだわります**。

具体的には、生産性が高いコンサルタントは、次の4ポイントを意識しています。

1 タイムパフォーマンス

「1時間あたりどのくらい稼いでいるか」

クライアント先の従業員は1時間あたりいくら稼ぎ出しているのか、ということです。

2 マンパフォーマンス

「1人あたりどのくらい稼いでいるか」

クライアント先の従業員は1人あたりいくら稼ぎ出しているのか、ということです。

3　スペースパフォーマンス

「1坪あたりどのくらい稼いでいるか」

クライアント先に店舗があるのなら、1坪あたりいくら稼ぎ出しているのか、ということです。

4　コストパフォーマンス

「投資した額に対してどのくらい稼いでいるか」

これは、言葉通り、設備投資などの投資がどのくらい回収できているかということです。

これらに注目しながら、クライアントにアドバイスをするコンサルタントは稼いでいます。4つのパフォーマンスをいかに高めるかが、コンサルタントの腕の見せどころなのです。

生産性を上げるための戦略を考える

また、コンサルタント自身の場合も同じです。

「1時間あたり自分はどのくらい稼いでいるか」
「自社の社員は1人あたりどのくらい稼いでいるか」
「広告などに投資した額に対してどのくらい稼いでいるか」

といった視点を持ちつつ、その生産性をどう上げていくかを考えるコンサルタントが稼げるコンサルタントになれるのです。

低い生産性の仕事を詰め込み、**自分の時間を切り売りしていてはいけません**。少ない稼ぎで時間が埋まっているなら、一度立ち止まってそれをやめ、時間をつくってぶ厚い稼ぎをつくることを考えるべきです。

稼がない時間をあえてつくって、その時間を戦略タイムにしましょう。これができなければ、稼げるコンサルタントにはなれません。

安い単価で馬車馬のように働いているのなら、それをやめて、単価を上げる方法を考えることが稼げるコンサルタントになるためには大切なのです

現在、1時間3000円のグループコンサルティングを5人に対して行ない、1万5000円稼いでいるなら、1時間5000円のグループコンサルティングを3人に対して行ない、同じ1万5000円を稼ぐほうが単価は高いことになります。

1時間5000円のグループコンサルティングを、4人、5人と増やしていくことで、1時間あたり、2万円、2万5000円とさらに単価を上げていくのです。

稼げるコンサルタントは、目先のお金にとらわれません。先を見据えながら、理想の時給を達成しようとするのです。

稼げる
コンサルタントの考え方

04

生産性の追求こそが稼げるコンサルタントの仕事。自分のタイム・マン・スペース・コストパフォーマンスを上げろ。

hint 05

稼げないコンサルタントは

年収を一気に2倍にしようとし、

稼げるコンサルタントは

時給の上昇を1・3倍以内に抑える

「理想の年収を設定しても、稼げるコンサルタントにはなれない」

先に私はこう述べました。

これは、時間を切り売りすることでしか稼げないコンサルタントになってほしくないからです。そして、もう1つ理由があります。

それは、年収を2倍にするということは、達成するまでに時間がかかるので、挫折してしまいやすいからです。大きな結果は、なかなか自分でコントロールして達成することはできません。いろいろな要素がからみ合って、結果はつくられるのです。

「じゃあ、一生収入なんて上がらないじゃないか！」という声が、聞こえてきそうですが、安心してください。

ここで、**稼げるコンサルタントは、どのようにして収入を上げていくのか**をお話しします。

稼げるコンサルタントは、年収を上げるのではなく、時給を上げることを意識するということは先にお話ししました。

もう一歩踏み込んでお話しすると、稼げるコンサルタントは、「時給を一気に上げない」ということを守っています。

時給を1・2〜1・3倍にすることを目指しているのです。1・2〜1・3倍なら達成可能だと思いませんか。

報酬が上がるサイクルを速くする

さらに、それを達成していく期間を短くしていくことに力を注ぎます。たとえば、半年で1・3倍にしていたのを、4カ月で達成していく、3カ月で達成していくという具合にです。

一気に年収を2倍にするという考え方ではハードルが高く、なかなか到達できないので、途中で心が折れてしまいます。結局、達成せずに現状維持か、それ以下の年収になってしまうのです。

たとえば、4カ月で時給を1・3倍にして、さらにもう4カ月で1・3倍、さらに4カ月後1・3倍になればどうでしょう。

わかりやすく、今の時給が1000円だとすれば、4カ月後には時給1300円、さらに4カ月後には時給1690円、さらに4カ月後には時給2197円になります。

ここまで急がなくても、半年ごとに時給を1・3倍にしていけば、1年後には約1・7倍の年収には到達するのです。

たとえば、今の年収が500万円の人は年収850万円に、1000万円の人は1700万円に、3000万円の人は、5100万円になるのです。

「時給を1・2〜1・3倍にする」。これ以上は目指さない。

これが稼げるコンサルタントがやっていることです。

稼げる
コンサルタントの考え方

05

大きな目標を設定することではなく、手に届く目標設定で、目標設定のサイクルを早くすることが、大きな目標への近道。常に自分の時給を1・3倍にするためのイメージをしろ。

hint 06

稼げないコンサルタントは

商品開発をしようとし、

稼げるコンサルタントは

短時間で稼ぐ方法を考える

稼げるコンサルタントになるためには、「年収を2倍にする！」と考えるより、「時給を1・3倍にするにはどうすればいいのか」「どのくらいの期間で1・3倍にするのか」ということを真剣に考えるべきです。

クライアントに「顧問料を2倍にしてください」と言ったところで受け入れられることはありません。こんなに急激にギャラを上げられては、クライアントは逃げてしまいます。

時給を1・3倍にする方法にはいくつかコツがあります。

まずは、1つのプロジェクトで結果を出し、次の仕事に着手するときに、**「ギャラを1・3倍にしてください」とお願いしてみる**方法があります。結果さえ出していれば聞き入れてもらえないことはありません。

次に、コンサルティングを同じ価格で行ない、時間を短くするという方法があります。

コンサルタントは、さまざまな商品（稼ぐ手段）を持っています。

顧問契約やセミナー、グループコンサルティング……など多くの稼ぐ手段があります。

しかし、今より稼ぐための形は4パターンしかありません。

1　「今の商品」を「今のお客さん」にもっと売る

2　「違う商品」を新たに「今のお客さん」に売る

3　「今の商品」を新たな「違うお客さん」に売る

4　「違う商品」を新たな「違うお客さん」に売る

ここで、考えるべきことは、どのパターンが一番早く単価を上げられるかということです。当然、「今の商品を今のお客さんに高く売る」ことが、稼ぐ秘訣です。

単価を2倍に上げるとっておきの方法

では、稼げるコンサルタントはどうするか。

それは、今と全く同じサービスを今より短い時間で提供するということです。

もし、コンサルティングでクライアントと**4時間ミーティングしていて4万円もらっていたとすれば、2時間で4万円もらえるように工夫する**のです。

今と同じ成果を出すノウハウを伝えるのに、時間が短縮されれば経営者も喜びます。マッサージ店では、1時間コースを受けに来た人が30分で施術を終了されれば怒りますが、経営者は忙しいので、全く同じ成果が出るのであれば、ミーティングの時間を短縮されればされるほど嬉しいのです。

時間を切り売りするコンサルタントは稼げないと繰り返し言っていますが、労働時間に対してお金が払われていると考えているコンサルタントは一生稼げません。

3つ目に、クライアントの生産性を上げることを考えましょう。

クライアントに「今より2倍売上を上げさせ、ギャラを上げてもらおう」と考えたときに、多くの稼げないコンサルタントの思考は、「商品開発を手助けして、商品価値を2倍にして売上を2倍にしよう」というものです。

商品開発に、時間と労力をかけて売上を2倍にするという考え方です。

しかし、コンサルタントが考えるべきことはそういうことではありません。

新たな商品開発をして多くの時間や労力をかけることなく、まず今の商品をそのまま使って、売上を2倍にするには、どうすればいいのか、ということを考えるべきです。

そのときのコツが、「**効果的なキャッチコピー**」をつくるということです。

たとえば、チラシやＷＥＢ上の販売促進ページに、現在ある商品の魅力的なキャッチコピーを載せ、売上を倍にするのです。または、クライアント先の会社を魅力的に見せるキャッチコピーをつくる。

商品を新たに開発することと、キャッチコピーをつくって販売促進をする、どちらが費用対効果がいいかと言えば後者です。これで、短期間で時給の交渉ができるようになります。

お客さんを動かすキャッチコピーを作成する技術

稼げるコンサルタントになりたいのなら、キャッチコピーは自分で考えられるようになりましょう。コンサルタントにとって、クライアント先の会社、商品、サービスを言語化することは大切な仕事です。

キャッチコピーを考える上でのポイントは、インパクトを与えるだけではなく、商品を買ってもらうために相手を動かすものであるということです。

人を動かすためには、実績が見えるコピーでなければなりません。もっと言うと、**ある分野において「1位である」とお客さんが感じられるキャッチコピーが必要**です。

ジャンルを絞って1位を表現してもいいですし、地域で1位ということを表現してもいいでしょう。他に負けない、1番の分野を見つけて、言葉にするのです。

たとえば、私が主催している『サムライコンサル塾』のキャッチフレーズは、「業種・業態・規模に関係なく即現場で活かせる、日本一の経営コンサルタント養成講座」です。

すでにある「1位」に気づき、キャッチコピーをつくることがポイントです。

「今ある実績」を「何かの1位」として言葉にすることを心がけましょう。

稼げる
コンサルタントの考え方

06

今いるお客さんに、今のコンテンツをもっと高く買ってもらうこと。同じ成果を提供するなら、もっと短い時間で提供すること。キャッチコピーを征するものは、経営を征する。

第 2 章

嫌な客を
シャットアウトし
客単価も７倍になる

「営業戦略」
の違い

稼げないコンサルタントは

目の前のお客さんに売り込み続け、

稼げるコンサルタントは

お客さんが自ら探して集まってくる仕組みをつくる

どんなコンサルタントでも、お客さんの獲得は最重要視していることでしょう。今は一流と言われているコンサルタントでも、お客さんの獲得に困ったことは一度や二度はあるはずです。

コンサルタントをやり始めたときには、お客さんがあなたを見つけ出して依頼をしてくれるということはないからです。

本章では、好きなお客さんとだけ付き合い、通常5万円程度である1日のコンサルタント報酬を35万円以上と7倍以上にしてきた私の営業戦略を中心に、私のまわりにいる稼げるコンサルタントが実践している営業・集客の秘訣をお伝えします。

集客には、年収によって、段階があります。

年収1000万円未満のコンサルタントの集客は、〝1本釣り集客〟になります。経営者が集まる勉強会やセミナーに自ら参加をして、その中からお客さんを見つけるという方法です。

この段階では実績がないので、獲得したお客さんを大事にして、実績をつくる努力をしなければなりません。

年収1000万円～3000万円のコンサルタントは、ある程度ノウハウが確立されているので、広告などで集客し、お客さんを引き寄せることができます。

コンサルタントは、個別の案件を表に出し、実績を示すことが難しい職業です。なぜなら、守秘義務があるので、「○○という会社を○○万円の売上アップさせることに成功しました」ということを表に出しにくいからです。

しかし、自分の持っているコンテンツを商品化し、誰もが学べるセミナーや塾にして、定期的に世間に発信することはできます。これができるのが、一定の実績を出してコンテンツが確立されているコンサルタントです。

セミナーや塾なら商品として表に出すことが可能となり、広告を出し販売促進することができるので、たくさんの経営者を集めることができます。セミナーや塾のクオリティが高ければ、参加者の中から必ず顧問契約を申し出てくれる人がいます。

年収1億円のコンサルタントは、本を出版してクライアントを引き寄せます。業界でも目立つコンサルタントになれば、出版の依頼が来るものです。

当然、お客さんの紹介も増えますし、コンテンツ化した商品も広く世間に浸透していきます。信頼性をつかみ、全国にノウハウを売ることで年収1億円は達成されるのです。

つまり、まずは、お客さんの1本釣りを行ない、クライアントのために全身全霊をかけ成功させて、実績をつくります。

次の段階では、その成果が出たノウハウを、誰もが学べる形にして、お客さんを引き寄せると同時に、その参加者の中から太いお客さんを獲得します。

最終段階では、コンテンツのパワーを使って業界で頭角を現し、出版を実現させ、不動の地位を確立する。いいお客さんが自分からコンサル依頼をしてくる状況をつくり、なおかつ自分がコンサルティングしなくても、売上が上がっていく仕組みをつくる、ということです。

ただし、今の時代、コンサルタントの集客のベースとなるのは、ホームページやブログです。したがって、**ホームページを工夫せずに集客をしても効果はないので注意が必要**です。当然、キャッチコピーとページのデザインは磨き込んでおかなければなりません。

ありがたいことに、現在はYouTube（ユーチューブ）やFacebook（フェイスブック）など、無料でいくらでも自分を売り出すことはできます。

ところが、コンサルタントとしてまずい売り出し方を最初のスタートでしてしまうと、一生稼げないコンサルタントになってしまう危険性があります。

自分のノウハウがしっかりと固まっていないのなら、それを広げてはいけません。集客優先で荒稼ぎしようとすれば、良くないノウハウを広めてしまうことになるので、あとから実力がついてもなかなか悪いイメージを払拭できないからです。

自分のノウハウは、広める前にしっかりと磨いて、確立しておくことを忘れてはいけません。

稼げないコンサルタントはノウハウをまずは広めようとし、稼げるコンサルタントはノウハウを固めることに集中するのです。

ノウハウの価値が高ければ、当然成約率も高まります。経営者の生産性を高められるノウハウを、広める前に確立しておくことが大切なのです。

また、年収1000万円のコンサルタントは年収1000万円のコンサルタントと、年収3000万円のコンサルタントは年収3000万円のコンサルタントと、年収1億円のコンサルタントは年収1億円のコンサルタントと仲が良く、集まる傾向があります。

人間は環境に影響される生き物なので、コミュニティの中の人々は、似たような人間になっていくのです。

そう考えると、自分より高い収入を得ているコンサルタントと仲良くなることも、稼げるコンサルタントになる秘訣だと言えます。

優れた人と関係をつくっておけば、稼ぐための良質な情報も仕入れることができるのです。

稼げる
コンサルタントの考え方

07

今のレベルに合った顧客獲得法は何かを見極めることが大切。ノウハウは、完成度の低いまま広めたら逆効果。完成度を高くしてから広めること。

hint 08

稼げないコンサルタントは

劇的なV字回復を狙い、

稼げるコンサルタントは

成功する会社を確実に成功させる

はじめに言っておきたいのですが、テレビ番組にコンサルタントが出演して、潰れかけの会社を回復させるという話は実際にはほぼない、と思ってください。

コンサルタントになりたてのころは、「潰れかけの会社のコンサルティングを引き受け、かっこ良くV字回復させることで、派手に名前を売って、コンサルティング依頼を殺到させてやる！」などと考えることもあるでしょう。

その気持ちはよくわかるのですが、このような考え方をしていては、一生稼げないコンサルタントで終わってしまいます。

よくテレビで見かけるのが、潰れかけの老舗旅館に敏腕コンサルタントが乗り込んで、女将と若女将にテキパキと指示をして、V字回復を達成するという番組です。

あれを見ると私は、いつも憂鬱になります。これを真似しようとするコンサルタントが増えたら、それだけ食いっぱぐれるコンサルタントが増える可能性が高まるからです。

コンサルタントは、クライアントを成功させ続けなければならない職業です。少しでも失敗してしまうと、悪い噂がたちまち広がりコンサルタントを続けられないからです。

たった1人からでも「あの先生に頼んだらダメだ」と言われるとアウトなのが、コンサルタントの世界なのです。

だから、コンサルタントは常にクライアントを成功させ続けなければなりません。

では、どうすれば成功させ続けることができるのでしょうか？

クライアントを成功させ続ける秘訣とは？

それは、「**成功する可能性が高いクライアントにコンサルティングする**」ことです。

「成功させ続けられるだけのノウハウがあるコンサルタントが稼げるコンサルタントだ」とか、「成功するまでやり続けるコンサルタントが稼げるコンサルタントだ」など言う人は多いですが、実はそれよりも大事なことがあるのです。

潰れかけの老舗旅館を回復させればインパクトはあります。しかし、潰れかけの老舗旅館は現実的には、お金も回っていないはずですし、従業員もやる気が落ちてしまっているはずです。そんな状態の会社をV字回復させるのは、至難の業です。かなり大変な仕事ですし、途中で潰れてしまって、コンサルティング費用を回収できない可能性も高まります。

そういう痛みを伴う可能性が高い仕事を自ら進んで取りに行く人には、「あなたはドMですか？」と私は聞きたくなります。

稼げるコンサルタントが、クライアントを成功させ続けられる理由は、「ノウハウがある」とか「成功するまでやり続ける」ということよりも前に、成功するとわかっている経営者のコンサルティングを引き受けるからです。

多くのコンサルタントは、赤字の会社から依頼されれば、「黒字にしてやる！」と胸を高鳴らせて受けてしまいます。そういう自分に酔うことが、かっこいいと勘違いしているのです。

マイナス10の会社を0にするのは非常に難しいです。そうではなく、同じノウハウを活かすのであれば、0の企業を10にすることを目標とするのが稼げるコンサルタントです。

実は、こちらのほうが同じ10アップするにしても、会社は利益が出て税金を払うことになるので社会的な貢献度も高いのです。

うまくいっている会社、うまくいきそうな会社を選んでコンサルティングをするということが成功させ続ける近道だということを忘れないでください。

成功するクライアントを見分ける方法

では、成功する会社を見分ける方法を最後にご紹介します。

まず、業績が良い会社は当然、クライアント先としてふさわしいことになります。

次に、経営者が成功の3条件を兼ね備えていれば、コンサルティングはうまくいきます。

その3条件とは、

・素直
・勉強好き

・プラス発想

です。

これは、私がかつて所属していた船井総合研究所の創業者、船井幸雄先生の言葉でもあります。

こういった経営者は業績を大きく伸ばす可能性を秘めています。

最初の面談の時点で、この3条件が備わっているのか見極めましょう。成功の3条件を持っていなかったら、思い切って断ってしまうのです。

勇気が必要ですが、目先のお金にとらわれていては、稼げるコンサルタントにはなれません。

稼げる
コンサルタントの考え方

08

稼げるコンサルタントに「失敗」は許されない。稼げるコンサルタントは「成功」させ続けることができる。成功する経営者、成功する企業とだけ付き合え！

hint 09

稼げないコンサルタントは

目先の金欲しさに仕事を引き受け、

稼げるコンサルタントは

好き嫌いで仕事を引き受ける

「目先のお金にとらわれない」

これは、稼げるコンサルタントになるためには大切なことです。

気づく力が高くなければ、稼げるコンサルタントにはなれません。気づく力を高めるには、あなたが好奇心を持てる経営者と付き合うしかありません。

コンサルティングに入る会社やクライアントである経営者に好奇心を持たない限り、いいアドバイスができないからです。

稼げないコンサルタントには、好奇心が不足しています。好きではないけど、依頼が来たからコンサルティングしようとなっているのです。つまり、目先のお金にとらわれてしまっていると言えます。

このように目先のお金のために、**好きでもない人と仕事をすれば、いいアドバイスもできませんし、結果も出せない**ので稼ぐことができません。

クライアントのことを好きになるということは、稼げるコンサルタントになるためには必要不可欠な条件なのです。

クライアントである社長のことを好きであれば、「この人のために成果を上げる！」、

「そのために少しでも役に立つ！」と思えます。

するとその会社に訪問したときにもいろいろと気づくことができます。クライアントを愛せなければ、一切変化には気づけないのです。

好奇心というのは好きになる力でもあります。ラーメンに好奇心があったら、はじめて行った街でもラーメン屋があることに気づくことができます。しかし、ラーメンに好奇心がなかったらラーメン屋の存在に気づくことはできません。

嫌いな社長の仕事は断りなさい

だから、コンサルタントが意識するべきことは、好きな社長と仕事をするということです。

お金が入るチャンスをみすみす逃すことはできないと考える気持ちもわかりますが、クライアントとはじめて対面するときには、「この人の考え方が好きかどうか」を自分なりに吟味して、嫌いであればコンサルティングを断る勇気も必要なのです。

自分の価値観に合う、好きな社長のコンサルティングを引き受ければ、いろいろなアイデアが湧き上がってくるので結果が出やすくなります。

逆に、お金がもらえるからと、自分の価値観に合わない好きではない社長のコンサルティングを引き受けるというのでは、結局は好奇心がない状態でコンサルティングすることになるので、成果を上げられません。

気づく力が弱く、鈍感であることはコンサルティングの現場においては、致命傷になります。

当然、クライアントから信頼を失って、成果が出ないということが起きるでしょう。ほかにも問題がどんどん起こります。

小さな変化に気づけないと今の時代のコンサルタントは稼げません。大きな変化が出てから手を打つ場合と小さい変化に先に気づいて手を打つのとでは、結果が出る可能性も大きく変わります。

小さな予兆に気づければ、大きな傷になる前に治療もできます。傷に気づくのが遅れて手を打つのが遅くなれば、その分治療に時間も費用もかかるのです。

小さな変化に気づくことで、先手を打つことができ、問題も短期間で改善することができます。

逆にそうでないコンサルタントは、問題が大きくなってから対応するので、後手後手に回ることになり、どうやっても結果が出せないのです。

小さな変化に気づけるかどうかで、成果を上げる種も見つけられますし、トラブルの芽もつむことができるのです。

好きか嫌いかでコンサルティングを引き受けるかどうかを判断するということが、稼ぐためには必要なのです。

稼げる
コンサルタントの考え方

09

稼げるコンサルタントは、気づきのレベルが高い。人は、興味や関心がないものに対しては、気づきのレベルが低くなり、好きなものに対しては、気づきのレベルが高くなる。

hint 10

稼げないコンサルタントは

どうやるかを重視し、

稼げるコンサルタントは

誰とやるかを重視する

「誰と組むか」

これで、人生が変わると言ってもいいでしょう。つまり、どんな経営者と組むかで、稼げるコンサルタントと、稼げないコンサルタントに分かれるということです。

稼げるコンサルタントになりたいのなら、「誰とやるか」ということの見極めができるようにならなければなりません。

稼げないコンサルタントは、どうやって経営を良くしていくか、ということに主軸を置きます。しかし、そもそも、成功する要素を持っていない経営者と組んで仕事をすれば、どんなにいい経営方法をアドバイスしたところで、業績は全く上がりません。「どんなノウハウを使うか」よりも、**「どの経営者と組むか」**ということを、まずは意識してください。

私の座右の銘は、「人生は、誰と出会うかで決まる！」です。誰と組むかを非常に重要視してきました。だから、今の私があるのです。

結果を出し続けたいのなら、成功するとわかっている経営者のコンサルティングをすることです。「誰とやるか」でコンサルタントの未来は決まるのです。

今後稼いでいくコンサルタントは、**プロデューサー的な仕事ができる人**だと私は考えています。つまり、人と人とをつなげてビジネスをつくり、関係者にメリットを与えられるプロデューサー的なコンサルタントが重宝されていくということです。

たとえば、知り合いのビルオーナーが空き部屋があるから「何か飲食店をやりたい」とあなたに相談してきたとします。もし、あなたが飲食店専門のコンサルタントでなかった場合、コンサルティングを引き受けることができないかもしれません。

しかし、ここであなたが、プロデューサー的視点を持ったコンサルタントだったら次のような動きをすることになります。

たとえば、「ここだったら、寿司屋をやれば儲かるな」と感じたら、寿司屋のコンサルティングをしている知り合いをビルのオーナーに紹介すればいいのです。

自分は寿司屋のことは知らないけれど、その道の専門家を連れてきて、くっつけたら、そこでビジネスが生まれます。したがって、あなたも稼げるのです。

もし、その空き部屋が寿司屋でなくラーメン屋をやれば儲かるなと判断したのなら、ラーメン屋専門のコンサルタントを紹介し、ケーキ屋をやれば儲かるなと判断すれば、ケーキ屋専門のコンサルタントを紹介するのです。そもそも飲食店はこの場所では流行らず、整体院が儲かるなと判断すれば、整体院専門のコンサルタントを紹介することがベストかもしれません。

ビルのオーナーにとっても、知らないコンサルタントに頼むより、あなたという人間を通したほうが、気持ちの面でも、経営の面でも安心感があります。

さまざまな道の専門家とのつながりをつくり続ける。この姿勢が今後活躍したいのなら大切です。

稼げないコンサルタントは、「何を知っているか？」、つまりノウハウ（Know How）だけに頼ります。プロデューサー的な視点を持った稼げるコンサルタントは、「誰を知っているか？」、つまりノウフウ（Know Who）を活用します。**どれだけネットワークがあるのか**が、稼げるコンサルタントと稼げないコンサルタントを分けることになるでしょう。

稼げる
コンサルタントの考え方

10

コンサルタントとはどんなノウハウを持っているか。プロデューサーとは、どんな専門家とつながっているか。コンサルタントはノウハウ、プロデューサーはノウフウである。

第　3　章

時給５万円のコンサルフィーを獲得する

「対人スキル」の違い

稼げないコンサルタントは

真剣な眼差しでジーッと話を聞き、

稼げるコンサルタントは

うなずきながら話を聞く

「クライアントとの関係性がうまくいかない……」

「なかなかクライアントに効果的なアドバイスができない……」

稼げていないコンサルタントの方から、よくこういった相談を受けます。

なぜ、真面目に頑張っているのに、このようなことが起こるのでしょうか。


この原因の1つは、**「うなずき」**にあります。

「クライアントの話をうなずきながら聞く」ということは、稼げるコンサルタントになるためには、非常に重要なことです。

なぜなら、うなずきとは、相手に「〝聞いています〟というサイン」を伝えることになるからです。

つまり、相手に心を開いてもらうためのはじめに踏むべきステップなのです。

クライアントである経営者が抱いている悩みとは、**正直なところ第三者には言いにくいもの**です。自分の悩みを、恥ずかしいとか、かっこ悪いと考えている人は多いのです。

だからこそ、コンサルタントは、クライアントである経営者が心を開きやすいように話しやすい環境をつくってあげなければなりません。そのときに、有効な手段が「うなずき」なのです。

多くのコンサルタントは、経営者の話を真剣に聞くということはします。

ただし、そのときにジーッと相手を見つめ、微動だにせず話を聞いてしまう人が多い。

また、普通に話を聞いているのならまだいいのですが、先生業をしている人は無意識に腕や足を組むこともあります。これは、「話を聞いてやる」という傲慢な考え方を無意識に持っているということの表れでもあります。

こういった態度では、クライアントはあなたに良い印象は持ちませんし、緊張してしまうので、話しにくくなります。

もし、10の悩みを経営者が抱えていたとしても、5の悩みしか引き出すことはできないでしょう。

人と話すときに、うなずくことをしないと、平均して25秒ほどで話が止まってしまうという話もあります。

10の悩みのうち、5しか話を聞き出せていないのに、マーケティングやマネジメントの知識を駆使してアドバイスをしても、当然有効な手を打つことはできません。

稼げるコンサルタントは、うなずきの効果をうまく使って、相手から話を引き出します。経営者が10の悩みを持っていれば、10を引き出しているのです。

その話に対して、マーケティングやマネジメントを駆使してアドバイスをするので、結果を出せるのです。当然、クライアントとの付き合いも、一度きりにはならず、長くなります。

たかが「うなずき」でも、その効果は絶大なのです。

うなずきをせずに話を聞いていれば、経営者は自分を否定されているように感じてしまいますし、バカだと思われているのではないかと不安を感じて話せなくなってしまうので、ますます話をしてくれなくなります。

うなずきという簡単なことをするかしないかで、相手が話しやすいか話しにくいのかが変わってくるのです。

信頼関係を一気に築くことができる

あなたも、自宅の冷蔵庫を他人にいきなり開けられたら気分は良くないでしょう。コンサルティングを受ける経営者は、自宅の冷蔵庫を他人に見せるようなものなのです。

「見せてもいい」と思ってもらうための第一歩は、コンサルタントがうなずいて、「私はあなたの話をしっかり聞いていますよ」という意思を相手に伝えてあげることです。うなずきは、クライアントとの信頼関係をつくるための土台なのです。**いい関係性づくりをしなければ、コンサルタント業はうまくいきません。**

コンサルタントが経営者に伝えるマーケティングやマネジメントの手法というのは、料理の仕方であって、材料がなかったら料理はできません。

この材料というのが冷蔵庫の中身であり、すなわち経営資源に当たります。ここを引き出せないコンサルタントは二流です。

まず、経営者の自宅の冷蔵庫の中身をしっかりと知らなければ、いい料理はつくれません。経営者が持っている、資金や人材という材料、経営資源がわかるからこそ、いい料理をつくる方法を伝えることができるのです。

多くのコンサルタントが、料理の仕方は知っています。

しかし、稼げないコンサルタントは、その料理の仕方が経営者の自宅の冷蔵庫の中身に合うかどうかわからないのに、「これが最近の流行りの料理のつくり方です。やってみてください」とアドバイスします。

経営者の自宅の冷蔵庫の中身をしっかりと確認していないので、足りない食材がどんどん出てきて、「この材料を買いましょう」「アレも買いましょう」となってしまいます。

結局、いらないお金を使わせて、設備投資をさせてしまったり、有効ではない販促をさせてしまうのです。一流のシェフというのは、いい食材といいフライパンといいレシピがあるから優秀なのではなく、その場にある食材と道具で、美味しい料理をつくれるから一流なのです。

コンサルタントも同じです。**どんな経営資源をクライアントが持っているのかを**

しっかりと認識し、その材料を使った有効な経営手法を伝えるのが一流のコンサルタントなのです。

そのためにも、経営者の話を引き出すための「うなずき」の効果を甘く見てはいけません。

うなずきは、コンサルタントの強力な武器になります。うなずくことこそ、コンサルタントで成功するための最初のステップだと言っても過言ではありません。

うなずかないコンサルタントは稼げないコンサルタントです。経営者から情報を引き出せないからです。

よくうなずくということは、相手に対しても、こちらの心を開くということの意思表示になります。それが伝わるから、相手も包み隠さず自分をさらけ出してくれるのです。すべてを見せてもらえることで、コンサルタントは経営を良くするためのカギを見つけ出すことができるのです。

あなたは、うなずいていますか?

普段の3倍くらい、うなずくことを意識してみてください。**少し大げさなくらい頭を振ってみることです。**

一見バカげていると思えることの中に、案外、効果的なことがあるのです。

今までの3倍のうなずきをすることを意識しましょう。クライアントとの関係が驚くほど変わります。

うなずきは、**タイミング、角度、スピード、リズム、強弱、間隔や間の取り方など、**意識するポイントが多く、奥が深いものです。

うなずくことを習慣にすれば、自然と絶妙の相づちを打つことができるようになります。ぜひ、うなずきの達人になってください。

稼げる
コンサルタントの考え方

11

うなずきを甘く見てはいけない。うなずきを極めることで経営者の心を動かすことができる。稼げるコンサルタントになりたければ、うなずきの達人を目指せ。

hint 12

稼げないコンサルタントは
自分の考えを押し付け、
稼げるコンサルタントは
相手の価値観を認める

多くのコンサルタントが、自分の持っている経営手法を、クライアントに押し付けようとして、失敗してしまいます。

クライアントである経営者に、コンサルタントの経営手法どおりにすぐに動いてもらうことが、一見、経営者が最短で結果を出す秘訣のように感じられますが、実はこれこそうまくいかない原因なのです。

経営者というのは、極端な話をすれば、自分のやりたいことをやるために独立した人だとも言えます。つまり、他人からあれこれ言われて動くよりも、自発的に動くことをよしとする人なのです。

ということは、コンサルタントがどんなにいい経営手法を伝えようとしても、考え方を受け入れてもらえる土台がなければ意味がないのです。

その点、**稼げるコンサルタントは自分の手法をうまく相手に伝え、自発的に実行してもらう働きかけがうまい**のです。

では、自発的に経営者に動いてもらうためには、どうすればいいのでしょうか。

それは、コンサルタントが素直になることです。

しかし、ここには注意点があります。

一般的に素直な人というのは、上司が「○○をやっておいて」と言ったら、「はい」と言ってすぐ動くような人だと思われています。相手に言われたことをそのまま受け入れる人が、素直な人だということです。

でも、本当の素直さとは、そういったことではありません。

本当の意味での素直さとは、否定も肯定もせず、相手の価値観をまず認めてあげることです。これが、実は経営者があなたの意見を聞き入れて、自発的に動いてくれる布石になるのです。

「相手の価値観を認める」とは？

では、「相手の価値観を認める」とはどういうことか？

わかりやすくご説明しましょう。

たとえば、夫婦がリビングでソファに座ってテレビを見ているとします。

夫はスレンダーな女性が好み、妻はグラマラスな女性が好み、というように、それぞれの価値観が違っていたとします。

テレビコマーシャルに、スレンダーでスタイルのいい女性タレントが出てきました。

それを見た夫が妻に向かって声をかけます。


「おお、この子はすごくかわいくてスタイルがいいな！」


すると、妻は夫を睨《にら》みつけて「どうせ私はデブよ」と言い返しました。

しかしよく考えてみれば、夫は「おまえデブだな」と妻に言ったわけではありません。

それなのに、妻は「どうせ私はデブよ」と言ってしまっているので、これは明らかに素直ではありません。

または、夫の「おお、この子はすごくかわいくてスタイルがいいな！」という言葉に対して、「えー、こんな子、どこがスタイルいいのよ！　○○ちゃんのほうがスタイルいいわよ」と妻が言い返したとしても、これも素直とは言えません。

夫も、自分が言ったことを否定されたら腹が立ちます。良いコミュニケーションがとれているとは言いがたい状況です。

逆に、スレンダーな女性が好みの夫の「おお、この子はすごくかわいくてスタイルがいいな！」という言葉を妻が肯定したとしましょう。

しかし、グラマラスな女性が好みの妻は心の中では「この子あんまりスタイルよくないじゃない」と思っています。これでは、嘘をついて、「そうね、この子すごくスタイルがいいね」と肯定的に言っているということなので、素直とは言えません。

この場合、素直に話を聞ける人は、否定も肯定もしません。

「そうなんだ。あなたはこんなスタイルの女の子が好みなんだ」とまず答えます。

そして、「でも私はね、グラマラスな○○ちゃんのほうがタイプだわ！」と自分の価値観を伝えます。

これこそ、「相手の価値観をまず認め、次に自分の価値観を伝える」ということです。

つまり、これが素直な姿勢だと言えるのです。

こういう姿勢が、稼げるコンサルタントになるためにも必要です。


相手の価値観をまず「そのまま受け入れてあげること」を素直と言うのです。


これができれば、クライアントも「この人は私のことをわかってくれる」「この人の言うことなら聞いてもいいかな」と心が動いていくのです。

「この子スタイルいいよね」という夫の言葉に、「ああ、この人はこんなスタイルの女の子が好きなんだ」と、相手の価値観をまず認めてあげられるような器の広さがコンサルタントにも必要なのです。

否定も肯定もせず、相手の価値観をまず認めてあげられるのが、稼げるコンサルタントです。こういう姿勢がなければ、経営者の話に対して、つい否定的な発言を繰り返してしまいます。

コンサルタントが経営者と話をしていて、経営者の発言を否定ばかりしていると、経営者は話しにくくなります。そうなると、先にも述べたように、経営者の持っている資源をしっかりと把握することができません。それでは、なかなか結果を出すことはできないでしょう。

また、経営者の話に対して、「そうですね。そうですね」と無条件に肯定するのも意味がありません。自分の中で「これはまずい」と思っていることを肯定していては、コンサルタント失格だからです。

だからこそ、経営者の持っている価値観をまずは認めてあげることが大事なのです。それができると、経営者は話しやすい状態になり、さらにはあなたの意見を受け入れやすくなるのです。

何度も言いますが、コンサルタントは、経営者に「こうしましょう」と、やり方や考え方を押し付けてしまいがちです。これでは、経営者は操られていると感じてしまうので、あなたのアドバイスを受け入れがたくなります。

経営者にいかにあなたのアドバイスを受け入れてもらい、それを「自分で決めたから実行する」という意識を持ってもらえるかが、稼げるか稼げないかの分かれ道になります。

稼げるコンサルタントは、あくまで経営者が何かを決めるお手伝いをすることが仕事だとわかっています。

稼げるコンサルタントは経営者の価値観を認めてから、自分の価値観を伝える。

稼げないコンサルタントは自分の価値観を一方的に押し付ける――。

これを忘れないでください。

稼げる
コンサルタントの考え方

12

稼げるコンサルタントは素直である。素直とは、肯定も否定もせずに、まず相手の価値観を認めること。コンサルタントが素直であれば、経営者も素直になる。

hint 13

稼げないコンサルタントは
レスポンスがワンパターンで、
稼げるコンサルタントは
レスポンスに緩急をつける

ビジネス書には、メールのレスポンスのスピードによって一流か、二流かが分かれるとよく述べられています。レスポンスが早ければ早いほど、仕事ができるということです。

しかし、私はこの考え方は、半分正解で半分不正解だと思っています。

稼げるコンサルタントは、レスポンスに緩急をつけているからです。

たしかに、稼げないコンサルタントの方を見ていると、ほぼ例外なくメールのレスポンスが遅いのも事実です。

クライアントがメールをしてきた場合に、すぐにレスポンスをしないということは、相手に不安を抱かせる原因になります。「あなたのメールを見ましたよ」というメッセージはすぐに送るべきでしょう。そういった意味では、即レスポンスをするのは正解です。

「私が送ったメールを読んでくれていないのではないか?」とクライアントがモヤモヤした気分になってしまえば、コンサルタントとして失格です。

相手に一度でも、「自分の重要度はあの人の中で低いのではないか」と感じさせてしまえば、その後の関係はあまりいいものではなくなってしまいます。

するど、継続的な契約を結ぶことは当然できません。

それどころか、「あの人にはコンサルティングを依頼しないほうがいいよ」という噂が広まってしまう可能性もあります。


電話しか連絡方法がなかった時代には、直接クライアントと話をするコミュニケーションだったので、相手に不安を感じさせるということはありませんでした。

しかし、現在はメールやSNSなどさまざまな連絡手段が生まれています。

メールは送っても、相手が見ているのか見ていないのかがわからないので、メッセージを送った側の人は返事があるまで不安を抱えることになるのです。

だから、クライアントが送ってきたメールの内容に対して、すぐに明確な答えが出せなくても〝メールを確認しました〟というメッセージは相手に伝えなければならないのです。

「メールを拝見しました。内容については、少し考える時間をください」という具合に、〝あなたのメールは見ていますし、有効な手段を考えます〟というメッセージは最低限送らなければならないのです。

稼げるコンサルタントになるためには、「あなたのことを大切にしていますよ」というメッセージを送る習慣を持ち、相手を安心させてあげることが大事なのです。そうすることで、お互いの信頼関係もでき上がってくるからです。

クライアントである経営者が抱えている悩みや問題は、他人に話しにくいことです。ですので、信頼関係ができていないコンサルタントには、10の悩みのうち半分も話さないでしょう。

一方、信頼関係ができているコンサルタントには、悩みを話しやすいので10の悩みのうち10をしっかりと話します。コンサルタントとしては、悩みをすべて聞き出してからアドバイスができますので、その分成果が出る確率も高くなります。

つまり、稼げるコンサルタントになりやすいのです。

「すぐに有効な解決策を提示して、クライアントに優秀なコンサルタントだと思われたい」という気持ちもわかりますが、完璧主義を目指して、連絡が遅れてしまい、相手を不安にさせていてはコンサルタントとして優秀だとは言えません。

完璧さを目指すあまり、相手の信頼を失ったのでは本末転倒です。

完璧な答えがない場合でも、「メールを見ました」という返信だけは早いほうがいいのです。

また、美しい文章をつくることにこだわって、返信を数時間後にしてしまうコンサルタントもいますが、クライアントが求めていることはそこではありません。

人間は待たされることに不安に感じます。その点を頭に置いておかなければならないのです。

すぐに返信すればいいわけではない

しかし、すぐに返信すればいいというものでもありません。

「メールを見ましたよ」というメッセージはすぐに相手に送ったほうがいいのですが、

答えはじっくり考えてから伝えるべきです。

なぜなら、質問してすぐに答えが送られてきたら、相手は「この人は本当に真剣に考えて答えを用意してくれているのかな……」と不安になってしまいます。

たとえば、高級なフレンチレストランに食べに行って、注文してたった30秒で料理が提供されたらどうでしょう。

「つくりおきなんじゃないか」と思うはずです。高級フレンチレストランで、そんな料理を食べたいと思う人はあまりいないでしょう。

レスポンスも同じです。つまり、クライアントからの質問に対しては、ある程度の時間を使って、最善の策をしっかり考えてからレスポンスをしなければならないのです。

すべてにおいてレスポンスが早ければいいかと言えば、そうではないということです。

クライアントから送られてきたメッセージの内容によっては、あまり早すぎると逆に不安を感じさせることになるので、レスポンスのタイミングを考えなければならないのです。

このレスポンスは早いほうがいい、このレスポンスは時間をかけなければならない、という具合に、タイミングをしっかりと見極める力がある人が稼げるコンサルタントなのです。

レスポンス1つにしても、空気を読んだり、状況を察する力が求められるのです。また、ビジネスマンなら1日の内にメールが何通も来ます。すべてのメールに真摯に向き合うことは大事ですが、それぱかりに時間を割いていれば、本来やるべき仕事がおざなりになってしまいます。

すぐに返信する人が優秀だという風潮にとらわれすぎて、重要なことを後回しにしていては、仕事で結果が出せるはずがありません。

コンサルタントは、自分の中にブレない軸を持ち、価値観を明確にしておかなければなりません。

これが明確なら、返信の優先順位も付けられるようになります。1日の仕事の時間配分もうまくやれるようになるのです。

価値観が定まっていなかったら、行動や発言にも一貫性を保てません。そんなコンサルタントに依頼しようというクライアントはいないのです。

価値観を明確にして、優先順位をしっかりと持つことも稼げるコンサルタントになるためには大事なのです。

稼げる
コンサルタントの考え方

13

コンサルタントにとってレスポンスが大切。しかし、レスポンスは早いから良いというものではない。稼げるコンサルタントになるためにはタイミングを読むこと。

hint 14

稼げないコンサルタントは
自分で決めようと迷い、
稼げるコンサルタントは
クライアントに決めさせる

「みんなで温泉旅行に行こう！」

あなたも一度は、飲み会の席などで、友人とこういった話で盛り上がった経験があるのではないでしょうか。しかし、なかなか実現していない。そんな人が多いのではないでしょうか。

それは、「温泉旅行に行こう！」と**決めた**のではなくて、「温泉旅行に行こう！」と**思っているだけ**で盛り上がっていたからです。

「思っている」と「決める」の違いを認識できていないから、あたかも思ったことを決めたことだと勘違いしてしまうのです。

しかし、決めないと現状は何も変わりません。

多くの経営者は、「決める」の前の状態である、「思っている」状態で足踏みしています。

「思っていること」なのか「決めていること」なのかを経営者に気づかせることができないコンサルタントは稼げません。

経営者に決める力を付けてもらうためには、**「マーケティングの11キーワード」**を知ってもらうことが効果的です。

稼げるコンサルタントは、このキーワードをフルに使い、経営者の決断の手助けをするのです。

11のキーワードで、経営者の決断スピードが上がる

「マーケティングの11キーワード」とは次のとおりです。

1　誰が？
2　なぜ？
3　何を？
4　誰に？
5　誰のために？
6　誰と？
7　いくらで？

8　いくつ？

9　どこで？

10　どのように？

11　いつからいつまで？

このような簡単なキーワードですが、今この本を伏せて、11のキーワードを1分で書き出してみてください。ほとんどの人は書き出せないはずです。

会社の方針を、この11のキーワード（要素）に当てはめて考えていけば、経営者はやるべきことが明確に見えてくるので、決断できるようになっていきます。逆にこれがどれか1つ欠けても決めることも行動することもできません。

これらの要素の中に、全く何も考えていなかった要素があることに気づけます。空白の部分が見つかるから、そこを決めることができるようになるのです。

空白になっている部分がわかれば、具体策が見えてくるので、会社経営をいい方向に向かわせる具体的な決断ができるようになります。

多くの経営者は、決断のための助けとなる要素が漠然としているから、何から手をつけていいのかわからず、思考停止で、行動ができないという状況に陥ってしまうのです。

このキーワードを経営者に知ってもらい、コンサルタント自身もこの要素を考えながらアドバイスしていくことで、いい関係がつくられていくのです。

たとえば、「いつからいつまで?」という視点が抜けていたな、と経営者に気づいてもらえれば、期限を今決めようと考えることができます。

この11のキーワードを把握していない経営者は決断することができません。

逆に、この11のキーワードを把握していれば、優先順位も付けられるようになり、力を注ぐ部分も明確になってきます。

考えていても行動できないということは、優先順位を付けられないから、迷っているとも言えます。

「誰が」と「どこで」では、どちらを優先させるのか。

「いつ」と「いくら」では、どちらを優先させるのか。

こういった順番決めができるようになれば、思考もブレなくなり、実行力が上がるのです。

たとえば、「沖縄旅行をしたいな」と言っても、旅行の日程が2月だったら、時期が悪いのでは、と迷うことになります。もし、2月に行くのであれば札幌に行って雪まつりを見たほうがいいのではないかとなるわけです。

もし、沖縄旅行ということを優先するのなら、2月ではなくて海水浴シーズンの8月ごろに行くことになるでしょうし、もし2月に旅行をすることを優先するのなら、札幌に行くことになるはずです。

だから、時期を優先するのか、場所を優先するのかなどの優先順位が明確なだけで無駄な時間を過ごすことはなくなるのです。

ビジネスはスピードが命です。決断のスピードを上げることは、経営者にとっては死活問題なのです。経営者の決断のスピードを上げられるかどうかも、この11のキーワードをフルに活かせるコンサルタントであるかどうかにかかっているのです。

稼げる
コンサルタントの考え方

14

「決める」ためのノウハウがマーケティングである。「マーケティングの11キーワード」を徹底して使いこなせ。11のキーワードの優先順位を先に決めてから落とし込め。

稼げないコンサルタントは
言葉の定義が曖昧で、

稼げるコンサルタントは
言葉の定義が明確である

多くのコンサルタントが稼げない原因に、「言葉の定義が曖昧である」ということがあります。同じ言葉でも、その定義がコンサルタントとクライアントで違っているということがあるのです。

言葉の定義が曖昧だと、クライアントにこちらが伝えたい正しいアドバイスが間違って解釈されます。

間違った解釈で、クライアントに決断・行動されると当然良い成果が出るはずもありません。成果が出なければ、コンサルタントに支払われる報酬も低くなります。

たとえば、「仕事」と「作業」という言葉は誰もがよく使っていますが、多くの人はその違いを自分の中で明確にできていません。

業務の中に、仕事と作業があり、「仕事は自分で決めて動くこと」「作業はすでに決まっていることを繰り返し行なうこと」だと明確に定義できている人はあまりいないのです。

この「仕事」と「作業」という言葉1つをとってみても、定義を明確にせずに、なにげなく使ってしまうと会社経営の中では無駄が生まれます。

「言葉の定義」が曖昧な会社によくある悲劇

たとえば、仕事ができるA君と、作業ができるB君がいるとします。会社を発展させるのなら、A君のような仕事ができる人に無駄のない動きをしてもらうことが大切です。

しかし、仕事と作業という言葉の定義が曖昧だった場合には、A君はうまく成果を出せなくなります。

経営者がボイスレコーダーの購入を考えているとして、A君に「○○という機種のボイスレコーダーについて調べておいて」と指示をしたとします。

A君は仕事ができるので、調べておいてと指示されれば、調べる内容をA君自身が自分で決めて、ボイスレコーダーの性能から、その機種の上位機種や下位機種、ライバルメーカーのボイスレコーダーのことまで、あれもこれも調べます。

さらには、ボイスレコーダーの世界中のマーケットについても調べてレポートをつくり、自分なりにこのボイスレコーダーを買うべきか、他のものを検討するべきかまで考えて、50ページにもおよぶ報告書をつくり、社長に報告します。

ここまで自ら決めていろいろやってしまうと、A君は数日の期間をかけてボイスレコーダーについて調べてしまうことになります。

一方、同じ指示を、作業が得意なB君に出したとします。

B君は、A君のように自ら調べることをたくさん決めることなく、単純に、その機種を販売しているメーカーのホームページを開いて、その製品のページを開き、PDF1枚の仕様書をプリントアウトしてたった3分で持ってきたとします。

もしこの場合、経営者がボイスレコーダーのことを調べてほしかった理由がボイスレコーダーに使う電池が単3なのか単4なのかを知りたかっただけだったとすると、A君とB君とでは、どちらが正しいのでしょうか。当然、B君のほうが正しいです。

この場合は、A君の数日間の仕事は無駄になり、極端に言えばその時間の人件費分を会社に損害として与えていることになります。

「言葉の定義」が明確なら仕事の無駄がなくなる

こういう無駄がクライアント先の会社の中で30％あったとすれば、言葉を明確にしておくだけで成果が変わってきます。

その無駄な時間を使って価値を生み出す仕事ができれば、その分効率が良くなるので業績が良くなる可能性があるのです。

クライアントが、「仕事とは、自ら決め行動することだ」「作業とは、すでに決まっている行動を繰り返すことだ」ということがわかっていればこのような問題は起こりません。

「A君、作業程度のことだけど○○という機種のボイスレコーダーの仕様書をホームページからPDFで1枚プリントアウトしてきてくれ」と指示をすれば、A君は数日間も無駄な時間を過ごさなくていいのです。

せっかく能力がある人に、無駄なことをさせてしまうのは得策ではありません。

こんなことが会社では頻繁に起きています。だからこそ、言葉の定義を1つひとつしっかりとしておくことがとても大事なのです。

価値という言葉も、会社を経営する上ではよく使われる重要なキーワードですが、「価値とは何ですか？」と聞くと、人それぞれ違うのです。

この言葉に対する定義ができていないうちは、「みんなで価値を生み出そう」といくら言っても当然うまくいきません。考え方がバラバラだから、1つの目的に向かって行動することができないからです。

稼げるコンサルタントは99％やっている

コンサルティングの現場でも同様です。コンサルタントは、経営者にアドバイスをして、自発的に動いてもらうことが仕事です。あなたのアドバイスを受け入れ、経営者に行動してもらうためには、言葉の共通認識ができていなければなりません。

経営者がしっかりとあなたのアドバイスを理解することが、行動を起こすためには重要だからです。

稼げるコンサルタントは、必ずクライアントと言葉の定義のすり合わせを行ないます。

言葉の定義を明確にするので、誤解や勘違いなく、目的に向かって経営者を動かしたり、従業員を動かすことができるのです。言葉の定義が曖昧では、人は正しく行動できないのです。

言葉の定義のすり合わせができていなければ、目的と違う方向に行ってしまう可能性があります。

多くのコンサルタントが、言葉の定義とはみな同じだと勝手に思い込んでいます。自分の言葉の定義も、他人の言葉の定義も同じだと思っているのです。

クライアントにアドバイスをするにしても、言葉の定義をしっかりしておかなければ意味がありません。会社経営では、1つがずれたら、すべてがずれていくのです。

業種・業態・規模、関係なく、幅広いアドバイスが可能に

ただし、言葉を定義することを難しく考える必要はありません。辞書に載っている意味を正確にわかっていなければならないというわけではないのです。

自分なりに、この言葉はこういう意味だというものがあればいいのです。それすら決められていないから、なかなか成果が出ないのです。

全員が納得をする定義はなかなかつくれないので、コンサルタント側が示す、自分がつくった定義をしっかりとクライアントに知ってもらうことが大切です。

よく使うキーワードなのに、定義が曖昧なものを選んで、定義をしっかりとさせることです。

美容業界だろうが印刷業界だろうが学習塾業界だろうが、仕事、作業、価値、幸せ、成功、結果、成果、短期、中期、長期などという言葉はよく使います。

それなのに、それらの言葉の定義が曖昧すぎるのです。使用頻度が高く、曖昧な言葉は、優先的に定義していきましょう。

地元に根付いて稼げるコンサルタントになるのなら、業種・業態に関係なくアドバイスができるようにならなければなりません。つまり、どんなクライアント先にも、普遍的に使える言葉を持っておかなければならないのです。

「社長、仕事を増やしましょう」とアドバイスするのなら、仕事という言葉の定義をしっかりと相手に1回説明してあげることです。

コンサルティング先の経営者に、「社長、仕事とは何だと思いますか？」と質問をして、相手なりの定義を聞き出しましょう。

そして、相手の定義と自分の定義の違いを修正してから、コンサルティングをスタートするのです。そこで、はじめて経営者は仕事と作業の違いに気づくわけです。

報酬が上がり、契約期間も長くなる

言葉の定義のすり合わせをしてから、コンサルティングをスタートする人が稼いでいます。

しかし、これをやっているコンサルタントは多くはありません。

自分が持っている技術や、専門ノウハウをいきなり伝えてしまいます。こういう形でコンサルティングをスタートすると、ひずみが生まれてきます。

言葉の定義のすり合わせをしっかりと行なうコンサルタントは成果も出すし、契約の期間も長くなります。

共通言語をつくって意思統一をしてから、コンサルティングをスタートさせてください。同じ言葉でも、自分が使っている言葉と相手が使っている言葉の定義が違うことは案外多いのです。

だからこそ、最初の時点でよく使うキーワードの定義を明確にしているコンサルタントが稼ぐことができるのです。

稼げる
コンサルタントの考え方

15

稼げるコンサルタントの最初の仕事は言葉の定義である。言葉の定義を整えるだけで、生産性がアップする。馴染みのある言葉ほど、しっかりと定義しておくべし。

hint 16

稼げないコンサルタントは
自分の価値観が曖昧で、
稼げるコンサルタントは
自分の価値観が明確である

コンサルティングをスタートしたばかりの頃、たいていのクライアントは、あなたのアドバイスに対して、疑いを持っていると思ってもらっていいでしょう。

「こいつの話を聞いても本当に大丈夫か？」と思っているということです。

コンサルティングを依頼してくれたのだから、自分を信頼してくれているのだろうと考えるのは、稼げないコンサルタントの考え方です。

とは言っても、アドバイスを受け入れてもらわなければ、コンサルタントは結果を出せません。アドバイスをうまく受け入れてもらうことが得意なコンサルタントには、特長があります。

稼げるコンサルタントは、自分の価値観を明確にしています。

稼げないコンサルタントは自分の価値観が曖昧です。

価値観が明確でないと、経営者に「決める」ためのアドバイスをすることができないので当然です。自分の中にブレない軸を持って、アドバイスしなければ一貫性も保てないので、信頼関係も築けません。

価値観というのは、「何が好きで、何が嫌いか」ということです。仕事で言えば「何を大切にしていて、何を大切にしていないのか」ということになります。

この好き嫌いが明確であることが、稼げるコンサルタントの条件なのです。自分の価値観を明確にした上でアドバイスをすることで、経営者はあなたの意見を聞き入れ実行してくれるからです。

価値観を明確にする2つのメリット

ここで言いたいのは、価値観が明確になると2つのメリットがあるということです。

まず1つが、価値観が明確であれば、判断に迷わないので、絶妙のタイミングで有効な手を打つアドバイスができるということです。

もう1つは、気づく力が身に付くということです。つまり、経営の課題を見つけることができるのです。

たとえば、ラーメンが好きな人は、はじめて訪れた街で何を食べるでしょうか。当然ラーメンです。

ラーメンが好きであれば、ラーメン屋を見つけようとするので、その街のラーメン屋を見つけることができます。ラーメンが好きではない人は、興味がないので、はじめて訪れた街でラーメン屋があることには気づかないでしょう。

価値観が曖昧で、自分は何が好きなのかもわからない人は、はじめて訪れた街では何を食べようかと迷ってしまいます。

うどんを食べようか、寿司を食べようか、ラーメンを食べようか……と迷うわけです。迷っている間にランチタイムは終了してしまい、結局お昼ごはんを食べられなかった、ということになります。

価値観が曖昧では、決めることができないので、有効な手を打つタイミングを逃したり、チャンスを逃してしまいます。

価値観が明確だから、物事を決めるスピードが上がるのです。コンサルタントが、どういう方向で経営を行なっていくのか迷っていては、結果を出せません。

また、ラーメン屋があると気づけたら、当然ラーメン屋に入って、ラーメンを食べることができます。

自分の価値観が明確なら、経営の課題に気づき、改善する、ということができるので、結果を得られるのです。

価値観を明確にするメソッドとは？

とは言っても、自分の価値観が明確になっている人は少ないのが現実でしょう。ここで、価値観を明確にするために、私が行なっていることをご紹介します。とても簡単なことです。

あるテーマに対して、自分が大切にしている10個のことを、1つずつふせんに書き出していくという単純な作業です。これで、価値観が明確になってきます。

たとえば、私のセミナーでは、受講生の方に、「あなたが仕事において大切にしていることを10個書いてみてください」とお願いします。

納期を守る、成果を出す、約束を守る、品質を高める……などいろいろな答えが挙がります。答えは十人十色です。

「仕事において大切なことは何ですか？」と他の受講生に聞くと、仲間、信頼、誠意、感謝……など、人それぞれ答えは違います。

自分がどんな価値観で仕事をしているのか、ということを、パッと言えない人も多くいます。

「仕事において大切なことは何ですか？」という質問を10回繰り返すと、自分が仕事に対して、どんな価値観で動いているのか見えてきます。

スピード、約束、正確さ、技術力……など、人によって、さまざまな答えが出てくるでしょう。

勘違いしてほしくないのは、10個を出して並べてみて、出した順番に大切にしているとは限らないということです。8番目、9番目に出てきたことが実は大事、だということもあります。

そこで、次に10個のふせんに優先順位を付けて並べ替えていきます。

その中で、1位に挙がったものを最優先とする価値観として、コンサルティングを行なっていけばいいのです。

価値観を明確にすると、結果が出やすい

たとえば、売上アップするために「スピード」を重視しているなら、コンサルティング先にはスピードを重視したアドバイスをしていけばいいのです。

クライアントはコンサルタントの価値観が明確でなければ、アドバイスを受け入れにくいのです。スピードを優先しているのか、正確さを優先しているのか、コンサルタントの重視していることがわからずに指示をされると問題が起こります。

コンサルタントの仕事に対する価値観がわからずにアドバイスを受けていたら、「何でこんなことをしなければならないのか……」と思ってしまうことがあるので、不安に思い、実行してくれないのです。

稼ぎたいのなら、コンサルティングをする上でも、どういう価値観でアドバイスをしているのかということを、先に示して、アドバイスを開始することが大切です。

「社長、私は会社をコンサルティングするときに大事にしている価値観があります。それは、売上を上げるために『スピード』を強く意識することです」

このように、自分の価値観を述べてからアドバイスに入ると、経営者も「今、このアドバイスをされているのは売上を上げるためだ」とわかるので、動いてくれるのです。人は、目的のない行動はできないのです。

価値観を提示せずにやり取りをする場合と、価値観を提示されてやり取りをするのでは、どちらの話を受け入れやすいかと言えば当然後者です。

経営者に自発的に動いてもらい、業績を上げるためにも、まずは自分の価値観を知ってもらうことを意識しましょう。

稼げる
コンサルタントの考え方

16

稼げるコンサルタントは、自分の価値観が明確である。価値観とは「何が好きで、何が嫌いか」のことで、価値観が明確だからこそ「決める」ことができる。

hint 17

稼げないコンサルタントは

相手の視点に立てず、

稼げるコンサルタントは

目配り・気配り・心配りができる

稼げるコンサルタントは、「目配り」「気配り」「心配り」を抜かりなく行ないます。稼げないコンサルタントから抜け出すためには、この視点を持つことが大切です。

「目配り」「気配り」「心配り」というキーワードはよく聞きますが、それぞれがどう違うのかということを、多くのコンサルタントはわかっていません。

この違いをわかりやすく、ホテル業界の話で説明していきます。

目配りというのは、当然ですが、目を配るということです。

たとえば、ホテルのレストランで灰皿に吸殻が山盛りになっていたら、従業員は目配りができているとは言えません。

また、テーブル①の島を担当するA君は、5分おきに灰皿を見ているとします。テーブル②の島を担当するB君は、30分おきに灰皿を見ているとしましょう。どちらのテーブルがキレイかと言えばA君の島のテーブルです。つまり、A君のほうが目配りをできているということです。

次は、**気配り**についてです。ホテルのマネージャーはフロア全体を見て、従業員に指示を出すことが仕事になります。マネージャーが、すべてのテーブルの灰皿を見て（つまり目配りをして）、清掃していたらそれは問題です。

マネージャークラスになると目配りをするのではなく、「あ、あそこのお客さんはよくタバコを吸っているな」と把握することが大切になります。

「あの席の灰皿の清掃は、新人アルバイトのB君が担当だから、ひょっとしたら行き届いていないかもしれない」ということを気にしていれば、目配りをして灰皿を見ていなくても、「そろそろあそこのお客さんの灰皿はいっぱいになるかもしれない、大丈夫かな」と気が働きます。そして、新人アルバイトのB君に清掃の指示を出せます。これは、気配りができているからできることです。

心配りというのは、たとえば、①の島のある席は今まで灰皿を10分おきに交換しなければいっぱいになっていたのに、今は20分たっても1本しか吸い殻が入っていないとします。

ここで、できる従業員は、なぜさっきまで10分おきに交換する必要があったのに、今は20分たっても1本しか吸い殻がないのか、と考えて、気を働かせる。

見てみると、灰皿の横にタバコの箱がくしゃくしゃっと潰れている。「あ、お客さんはタバコを切らしてるんだ」「商談をしているから席を立てないんだ」と気づく。

そういうときに、心を配って、「お客様、おタバコ買ってまいりましょうか」と言えたら、心配りができているということです。

コンサルタントは、クライアントに対して、「目配り」「気配り」「心配り」ができなければなりません。かゆいところに手が届くコンサルタントこそ、経営者から信頼されるのです。

また、クライアント先の会社にとっての「目配りとは何か」「気配りとは何か」「心配りとは何か」ということを、それぞれ発見するたびにノートに書き出していくと、その会社の特徴が明確になります。その点を伸ばしていけば経営もうまくいくようになります。

「目配り」「気配り」「心配り」を大事にするコンサルタントは、結果を出し稼いでいくのです。

稼げる
コンサルタントの考え方

17

稼げるコンサルタントとしての「目配り」とは何か？
稼げるコンサルタントとしての「気配り」とは何か？
稼げるコンサルタントとしての「心配り」とは何か？

第　4　章

年収1000万円超えが当たり前になってしまう

「マインド」の違い

hint 18

稼げないコンサルタントは

情報・知識を盲信し、

稼げるコンサルタントは

考え方を大事にする

日本人はよく勤勉だと言われます。私自身も、勤勉さはビジネスマンとして大きな武器になると考えています。なぜなら資源が豊富でない日本では、勤勉さの中から何かを生み出していかなければならないからです。

しかし、多くのコンサルタントが、「学びの根本的なポイント」を押さえることができていません。

稼げないコンサルタントの共通点に、ノウハウコレクターであるという特徴があります。

ほとんどのコンサルタントが真面目で勤勉であることを私は否定しません。情報を集めて、自らの知識の底上げをすることは大事です。

ただし、本当に大切なことは、表面的な情報を身に付けることではなく、情報から、その根底にある考え方を学ぶということです。

これが、稼げるコンサルタントになるための、学びのポイントです。

重要なので繰り返しますが、情報の中から、自分なりの考え方を学び、身に付けることが大切なのです。

その結果として、思考力が高まり、判断のスピードが早くなり、優秀なコンサルタントに成長できるのです。

自分の中に軸ができれば、迷うということがなくなります。稼げるコンサルタントになりたいのなら、情報・知識を持っているだけでは不十分なのです。

日本人は、情報・知識を学ぶことが、正しい学びだと考えています。それは、学校のテストが、情報・知識を暗記し、出題される問題への正解を選択していくものだからです。

違う見方をすれば、物事には必ず正解があると思い込んでいるのです。

しかし、ビジネスの世界には、「これが確実に正解である」というものはありません。もし、正解があるのなら、記憶力が高い人ほど成功することになります。

しかし、そうなっていないということは、情報・知識があるだけではダメだということです。

「考え方レベル」でノウハウを身に付ける

ビジネスでは、正解を自分でつくっていくことが大切です。

クライアントの悩みを解決する方法を、あなたが考え出して、経営者が自ら行動してくれる状況をつくらなければなりません。情報・知識しか持っていなければ、前例がないことには臨機応変に対応していくこともできません。

だからこそ、情報・知識を身に付けつつ、その中から考え方も身に付けていかなければならないのです。

考え方を身に付ければ、自分の中にブレない軸がつくられます。「この方向性で手を打っていこう」というものがあれば、ビジネスの問題は解決していくことができるのです。

たとえば、あなたも歴史の勉強をするときに、「いい国（1192年）つくろう鎌倉幕府」といったように、語呂合わせで年号を暗記していったことがあるでしょう（ただし、最近では1192年という説は間違いで、1185年が正しいとされている）。

テストに正解するのならそれだけでもいいのですが、そのレベルで終わっていれば、突出したコンサルタントにはなれません。

大事なのは、鎌倉幕府を設立した源頼朝の考え方を学ぶことです。どんな考え方だったから幕府を設立できたのか、どんな考え方だったから周囲を味方につけることができたのか、どんな考え方だったからリーダーシップを発揮することができたのか、などを知ることが、実社会を生き残っていく本当の学習になるのです。学ぶときには、考え方レベルまで身に付けることが大切なのです。

経営理論とかマーケティング理論など、経営ノウハウをたくさん知っているけれども、成果を出せないコンサルタントは多いものです。その原因は、経営ノウハウを情報知識レベルで知っているだけで、考え方レベルまで落とし込めていないからでしょう。

たとえば、マーケティングの理論で有名な４Ｐというものがあります。４Ｐとは、製品（Product）、価格（Price）、流通（Place）、プロモーション（Promotion）のことで、これらの要素を組み合わせ、有効な戦略をつくるというものです。

しかし、この4Pの4つのキーワードをただ単に覚えるだけでは、なかなか結果は出ません。それをどう使うのか、現場でどうしたらいいのか、わからないからです。

これをもとに、どういう手段を打っていけばいいのか、と考えなければ意味はないのです。そして、それを実行できるレベルまで落とし込まなければなりません。

マーケティングというのは、未来の数字を生み出すための行動です。この考え方を身に付けて、それをもとに決断し、行動していくためのノウハウとしてマーケティングの理論があるのです。

マーケティングとは、決断するためのノウハウである、というところまで考え方レベルで理解して、どうしたら行動できるのか、まで学ぶことが大切なのです。

4Pを知るだけでは、情報・知識を身に付けることにしかなりません。でもこれが、決めて行動するための考え方だとわかるから、コンサルタントの仕事をする上で活きてくるのです。

何かを学ぶときは、ただの情報・知識ではなくて、その意味だったり、その事実が起こった理由を知ることです。

考え方を学ぶことに、注力するのが稼げるコンサルタントです。

情報に対して、「なぜ？」と考えることが大切なのです。

情報・知識だけを持つコンサルタントでは、他の人と自分を差別化することができないので、お客さんとなる人たちにもインパクトがありません。

情報・知識レベルで経営ノウハウを伝えるコンサルタントではなく、考え方レベルで経営ノウハウを伝えられるコンサルタントになるから、生き残っていけるのです。

1番にならないと稼げない

稼げるコンサルタントは、何かの部分で1番になれないかという考え方をします。

なぜなら、1番でなければ仕事が入ってこないからです。

日本で1番高い山は、富士山だと誰もが認識しています。でも、2番目はほとんどの人が知りません。3番目なんか誰も知らないでしょう。

日本で1番面積の大きい都道府県は北海道です。でも、2番目はわからないのです。

1番は多くの人の記憶に残るけど、2番目は記憶に残らないのです。

コンサルタントも同じです。知られるポジションと知られていないポジションはどちらがいいかというと、当然前者です。

情報・知識を身に付けるだけなら、誰にでもできます。他のコンサルタントに圧倒的な差をつけ、1番になるためには、考え方レベルまで伝えられるコンサルタントになるしかないのです。

稼げる
コンサルタントの考え方

18

情報・知識レベルの学びより考え方レベルの学びが大切である。情報・知識も大切であるが、どんな考え方でそれを活かすかが大切である。

hint 19

稼げないコンサルタントは

将棋の駒の動かし方がわからず、

稼げるコンサルタントは

将棋の駒の動かし方を熟知している

私がコンサルティングをやっていてよく感じるのは、多くの経営者が〝ヤマカン〟、〝第六感〟、〝どんぶり勘定〟、〝出たとこ勝負〟、最後は〝気合いと根性〟で会社経営を行なっていることです。

経営を、「将棋」に置き換えて、考えてみましょう。

将棋には、金や銀、飛車や角などの違った動きをする駒があります。

将棋で勝つためには、まず将棋の駒で、金や銀、飛車や角などのそれぞれの駒の動かし方をしっかりと理解する必要があります。

駒の動かし方を、しっかりと理解せずに将棋をしても、勝てるはずがありません。

ところが、多くの経営者は、将棋の駒の動かし方をしっかりと習得する前に、自分勝手なルールで駒を動かし、対戦相手から「その駒はそこには動けないよ!」と言われ、「ではこっち!」と別の場所に動かしたとたんに、対戦相手に「じゃあ、いただき!」といった感じで、思いもよらずその駒を奪われてしまっています。

こんなことを繰り返しているうちに、あっという間に「王手!」でゲームオーバーです。

駒の動かし方がわからずに将棋には勝てない

ビジネスを将棋というゲームに例えるなら、この場合、将棋の駒は「経営ノウハウ」にあたります。

「経営ノウハウ」とは、具体的に言うと、マーケティングやマネジメント、マーチャンダイジングやブランディングなどです。

金にあたるのがマーケティング、銀にあたるのがマネジメントと考えてください。

〝駒の動かし方〟は、「経営ノウハウの考え方」です。

そうすると、経営で勝つためには、まず、マーケティングやマネジメント、マーチャンダイジングやブランディングなどのそれぞれの「経営ノウハウの考え方」を習得する必要があります。

将棋の例と同じで、「経営ノウハウの考え方」を最初にしっかりと理解せずに経営をしても、うまくいくはずがありません。

稼げるコンサルタントは、まずこの「経営ノウハウの考え方」を最初にしっかりと経営者に習得させる時間をつくります。

駒の動かし方のルールを理解した上で、いろいろなパターンの駒の指し方を覚えることで、将棋は上達するのです。

同じように、経営においても、「経営ノウハウの考え方」をしっかりと理解してから、次にマーケティングやマネジメント、ブランディングなどをどのように連動させて経営していくのかというノウハウの活かし方を、いろいろなパターンで経験を積むことで経営能力が上達するのです。

経営はシンプルに考えなさい

将棋は、名人だろうが小学生の初心者だろうが最初の持ち駒の種類と数は全く同じです。名人の金が初心者の金より動かせる場所が増えるということはありませんし、名人の金だけその数が多いというわけでもありません。

それぞれの駒の動かし方も実は非常にシンプルで複雑ではありません。しかし、奥が深いのが将棋です。

名人の駒だけが複雑な動きができるわけではなく、指し方、つまり活かし方のレベルが高いのです。

同じように、稼げるコンサルタントも、マーケティングやマネジメントなどの経営ノウハウを、専門用語を一切使わずにシンプルに、経営者や現場のスタッフ、アルバイトにも教えることができる人です。

かつそのノウハウを、その会社の経営の現場でどう活かせばいいのかという活かし方まで、的確にアドバイスできる人です。

一方、稼げないコンサルタントは、自分自身でノウハウを身に付ける際に、次のような勉強の仕方をしています。

「将棋の駒の金の動かし方を完璧にマスターする」「チェスのクイーンの動かし方を完璧にマスターする」そして「中国固有の中国将棋の桂馬にあたる駒の動かし方を完璧にマスターする」――。

それぞれの駒は完璧にマスターしましたが、その3つの駒を集めて戦えるゲームはありますか？　全くルールが違う駒であるため、連動せずに全く活かせません。

稼げるコンサルタントの考え方

19

将棋で勝つためにはそれぞれの駒の動かし方をまず覚える。経営で勝つためにはまず基本的な経営ノウハウを習得する。稼げるコンサルタントはシンプルに経営ノウハウを教える。

稼げないコンサルタントは、マーケティングは日本の教授の本、マネジメントはドラッカー、ブランディングはITベンチャーの社長が書いた本というように、考え方の異なる人のノウハウを寄せ集めてマスターします。しかし、それでは、一貫性がなく、全く使えません。

稼げるコンサルタントは、マーケティングやマネジメント、ブランディングなどのノウハウを独自の一貫性のあるシンプルな考え方に落とし込みます。

その上で、それぞれの考え方を組み合わせて、現場にどのように活かせばいいのかを瞬時に見極めることができる人なのです。

稼げないコンサルタントは
作業を手伝い、
稼げるコンサルタントは
仕事の手助けをする

稼げるコンサルタントは仕事の手助けをして、稼げないコンサルタントは作業の手伝いをする――。

これは、私が長年コンサルタントをやってきて実感していることです。

仕事と作業は一見同じもののように感じられますが、大きな違いがあります。

多くのコンサルタントが、この違いをわかっていません。仕事と作業の定義が明確ではないのです。

クライアントに、「経営者の仕事とは何ですか」と聞くと、「営業」と言う社長もいれば、「資金繰り」と言う社長もいます。「従業員を育てることだ」と言う社長もいるし、「地域貢献」と言う人もいますし、実にさまざまなとらえ方をしています。

コンサルタント自身も、明確に仕事と作業の違いがわかっていません。一見同じに思える仕事と作業は、実は対になる言葉です。

稼げるコンサルタントは、次のように、「仕事」と「作業」を定義し、2つの言葉を使い分けています。

仕事とは、自ら決める行動やアクション。

作業とは、すでに決められている行動やアクション。

たとえば、仕事とは、「この人を雇うかどうか?」「この商品を仕入れるかどうか?」「ここに店を出すかどうか?」などを決めることです。

一方、作業とは、「AにあるものをBに運ぶ」「データをパソコンに入力する」など、決まっている行動を繰り返すことです。

この仕事と作業を合わせて業務と言います。言い換えれば、業務の中に仕事と作業があるということです。

そして、経営者がするべきことは、当然、作業ではなく〝仕事〟です。したがって、コンサルタントがするべきことも、〝仕事の手助け〟になります。

コンサルタントで「忙しいのに、稼げない……」と言っている人は、実は作業を手伝っているから忙しいし、稼げないのです。

日給35万円以上の私が絶対にやらないこと

たとえば、稼げるコンサルタントは、資料などはクライアント先につくらせます。

しかし、稼げないコンサルタントは、その資料づくりの手伝いまでしてしまっているのです。

私も、資料は絶対につくりません。私の日給は35万円です。自分で資料をつくっていては、日給35万円を実現することは不可能なのです。

仕事と作業を比べると、仕事のほうが生産性の高いことを生み出していくことになります。だから、コンサルタントとして成功するためには経営者の仕事に携わっていかなければなりません。

極論すれば、作業は慣れれば誰にでもできることなので、やっても単価が上がりません。作業というものは、より安い人のところに依頼が流れていくからです。

経営者の仕事を助けるコンサルタントは、成果が上がった分に対して報酬を得るので、高単価のコンサルタントになれるのです。作業を手伝っているコンサルタントは、価格競争に巻き込まれるので、少ない報酬しか受け取れません。

クライアントである経営者の仕事と作業が明確にわかれば、どちらを手助けすればいいのか優先順位は自ずとわかってきます。

作業をやると「奴隷コンサルタント」に……

稼げるコンサルタントは、仕事の手助けの比重が多い人です。稼げないコンサルタントは、作業も引き受けてしまう人です。

私の身近な例で言えば、ＷＥＢのコンサルタントの方でなかなか稼げないという人がいました。

集客しやすいホームページをつくるコツをアドバイスするために独立したのに、いつの間にかホームページづくりの細かい部分をこなす作業がメインになったことが原因です。

コンサルタント先の会社に机ができ、そこでページづくりの作業をやらされて、最初はコンサルタントとして呼ばれたのに、最終的には従業員的地位になってしまったのです。

まさに、作業を手伝って、稼げないダメなパターンの代表例です。

仕事というのは、価値を生み出すことです。ここで言う「価値」とは、「成果」であり、その「成果」を出すときに生産性の高いコンサルタントが稼げる人です。

自ら価値を生み出すから、貴重なコンサルタントの地位を確立できます。作業は、すでに決まっていることをこなすということなので、コンサルタントとしての希少性は低いのです。

経営者の〝仕事〟を助けることに重きを置かないと、稼げるコンサルタントにはなれません。

稼げるコンサルタントになりたいのなら、仕事（何かを決めること）に関わる分野に時間を割かなければならないのです。

稼げる
コンサルタントの考え方

20

業務＝仕事＋作業である。仕事とは「決める」こと。稼げないコンサルタントは、自ら進んで作業に追われる。稼げるコンサルタントは、生産性の高い仕事しかしない。

hint 21

稼げないコンサルタントは

コンサルタントの仕事が何かを理解しておらず、

稼げるコンサルタントは

コンサルタントの仕事の本質を理解している

自分の持っている知識とノウハウを見せびらかし、自己満足を得ることに力を注いでいるコンサルタントがこの業界には多くいます。

〝先生〟と呼ばれることに快感を感じているダメなコンサルタントが一定数いるのです。

しかし、このような人は絶対に稼ぐことができません。経営者は自分で物事を決め、実行したい人間だという性質を理解していないからです。

経営者に上から目線で指示をして、それをそのまま聞き入れて実行してもらえると考えるのは、勘違いも甚だしいのです。忘れてはいけないのは、クライアントはいつでもあなたを切ることができるということです。

稼げるコンサルタントは、経営者自身に意思決定をさせる手助けができる人です。会社経営の方針を勝手に決めて、クライアントを指示通りに動かそうというコンサルタントは一流とは呼べませんし、成果を出すことはできません。

コンサルタントは経営者の〝仕事〟に対して、アドバイスをすることを考えるべきなのです。

経営者の仕事というのは、物事を決めることです。

経営者は決断するときに悩むものです。

だから、決断のタイミングや、決定するための材料など、あらゆる要素をお膳立てしながら、経営者が自信を持って決断できる良い状態を整えてあげるコンサルタントが、稼げるコンサルタントなのです。


その状態をつくるために、マーケティングやマネジメントのノウハウを使って、経営者が的確な決断を自信を持ってできるようにするかが大事になります。

一般的なイメージでは、業界の情報を集めてきたり、分析したりする情報提供がコンサルタントの仕事だと思われています。しかし、情報や知識を集めてきて、それを切り売りするだけのコンサルタントは稼げません。

この手法は、大手のコンサルティング会社が行なっているので、なかなか勝てないのです。

大手のコンサルティング会社には業種やテーマに特化したコンサルタントがいます。資本や組織が大きなところには、どう頑張っても勝てないので、情報や知識を切り売りしていてはいつまでたっても稼げないのです。

稼げないコンサルタントは、「コンサルタントの仕事とは何なのか」という点が曖昧です。

コンサルタントの仕事が何かというのがわかっていないから、本当に意味のあるアドバイスができないのです。

したがって、経営者は決断できないし、何をどこまでやるのかも曖昧になり、経営に失敗してしまいます。失敗した経営者を生み出したコンサルタントに需要はありません。

「経営者に決めさせる」のがコンサルタントの仕事

コンサルタントは「経営者に決めさせる」ということだけにフォーカスするべきです。自分が関わっている期間に、経営者が何も決めていない状況に陥っていたら、コンサルタントとして失格です。

では、決断してもらうために、コンサルタントは何をすればいいのでしょうか。

それは、経営者の課題を明確にしてあげることです。これが見えないと、何を決めていいのかわからないからです。

そのためには、**【明確な理想】**と**【正確な現状】**をハッキリと認識させてあげることが大切です。そのギャップがわかれば、何をすればいいのか、ということが経営者自身気づけるからです。

「具体的な課題＝明確な理想－正確な現状」です。

決めるとは、何かを捨てる力ということです。現状を見ながら、「これをやるためには、あれをやめることになる」と経営者が決められるようにならなければならないのです。そのためにも、この方程式を駆使しながら、コンサルタントは課題を具体的にさせてあげなければなりません。

この方程式を知らないコンサルタントは結果を出せません。経営者に具体的な課題を気づかせることができなければ、決めることもできないのです。気づくからこそ、経営者はあなたのアドバイスを受け入れて、実行することができるのです。

稼げる
コンサルタントの考え方

21

経営コンサルタントの仕事は、経営者の意思決定支援業。「経営者に決めさせる」ことだけにフォーカスしなさい。具体的な課題＝明確な理想－正確な現状。

コンサルタントの仕事とは、「経営者に決めさせる手伝いをすること」だとわかっていれば、あなたはやるべきことが明確になり、経営者に結果を出させることができます。

決めることができなければ、会社経営では、チャンスを失い無駄なことをやってしまったということがよく起こります。

また、経営者は「これをやりたい」と思っているだけで、行動できていないという状況に陥ってしまいます。いろいろなことをやりたいと思っているだけで、実行していない経営者は多いのです。

経営者が何も決められなければ、イタズラに時間は過ぎていって、成果は出ません。したがって、会社のお金もまわりません。当然、コンサルタントも低い報酬しか手にできないのです。

hint 22

稼げないコンサルタントは
捨てることができず、
稼げるコンサルタントは
スパッと捨てる力がある

「クリームパスタを真剣に食べていますか？」

私はよく、セミナーや講演会で、参加者の方にこう問いかけます。

なぜなら、これは稼げるコンサルタントになるために、重要なたとえ話だからです。

経営者の仕事は決めることです。

決めるためには、何を捨てることになるかをしっかりと認識することが必要になります。

しかし、経営者にとって捨てることは難しいことです。したがって、捨てるという心理的ブロックを外してあげることもコンサルタントには必要な力になります。

私はクライアントである経営者によく「経営者の仕事は決めることですよ」とお話ししますが、決まって「では、決めるとは何なのでしょうか？」と聞かれます。

経営者は、決めるということを実に多様にとらえています。

決めるとは、「決断だ」と言う人もいますし、「いくつかの選択肢から選び出すことだ」と考えている人もいます。

しかし、私の考える「決める」とは、これらの答えでは少し弱いと思っています。

「決める」と「捨てる」は必ずセットになる

繰り返しますが、決めるとは「捨てること」です。

では、どうすれば「決めるために捨てることが大事」だと、経営者に理解してもらえるのでしょうか。ここで、クリームパスタの話の登場です。

たとえば、あなたがランチで、クリームパスタとカレーのどちらを食べようかと迷っているとします。つまり、２つの選択肢があるということです。

しかし、あなたはクリームパスタもカレーも大好きなので、どちらを注文しようか大いに悩んでいます。経営者もこのようによく迷っているのです。

こちらを仕入れようか、あちらを仕入れようか。

ここに店を出そうか、あそこに店を出そうか。

この人を雇うか、あの人を雇うか。


こういったことを決めるときには必ず迷っています。

迷った末にあなたは、クリームパスタを食べると決めました。でも、クリームパスタを食べながら、カレーも食べたいと気になって仕方がありません。

しかし、「今この瞬間こそ大事」なのです。この考え方を重視していれば、「今この瞬間に、クリームパスタを真剣に味わう」ことが正解なのです。真剣にクリームパスタを食べていたら、カレーのことなんか気にならないはずです。

他のことに気を取られていれば、〝今〟に集中することはできません。それは、経営も例外ではありません。

でも、多くの人は、〝今〟が大事なのに目の前にあるものを大事にせずに、頭では他のことを考えてしまいます。「カレーも食べたいな……」と思ってしまうのです。

結果として、クリームパスタが目の前にあるのに、カレーに気を取られて浮気をしているのです。経営者も同様に、このように「これをやろう」と決めたとしても、心では浮気しながら、気持ちの入らない経営をしてしまうのです。

今を大事にしなければならないのに、目の前のことをおろそかにしていては、良い経営はできません。

これは、「捨てる」という考え方ができていないからにほかなりません。

クリームパスタを食べると決めたら、カレーのことは一切頭から捨て去るべきです。稼げるコンサルタントになるのなら、「経営者が今に集中する」手助けをしてあげる力が大事になります。稼げないコンサルタントはこれができていないのです。

経営者には、捨てることの大切さを知ってもらわなければなりません。

何を捨てているか明確にする

しかし、こういう話をすると、中には「柳生さん、私は決めることとは捨てることではないと思います」という人が必ずいます。

「なぜですか?」と私が尋ねると「クリームパスタを食べながら、カレーも食べたいと思ったら、私は両方注文します」と言うのです。

しかし、両方頼むという人は一見、何も捨てていないようですが、よく考えてみれば捨てているものがあるのです。

カレーも食べると決めるということは、その瞬間に、カレーの代金（ここでは800円とします）も支払うということです。つまり、800円を捨てているということです。

また、クリームパスタとカレーを両方食べると、カロリーが高くなるので、健康を捨てるということにもなります。しかし、健康を捨てるということに気づいていない人は大勢いるのです。

だから、決めるとは、どんなときも、何かを捨てることなのです。

経営者は、捨てるものを明確に認識していることが大切です。これをわかっていなければ、経営は失敗します。わかっていないのに物事を決めて失敗する経営者は数多くいます。

また、コンサルタント自身も、何を捨てるのかがわかってなければ、捨ててはいけないものを捨ててしまい、良くないアドバイスをして経営を悪化させてしまいます。

捨てることも大事ですし、捨てるものは何なのかもわかっていなければなりません。

経営者のメンタルブロックを外す魔法の言葉

とは言っても、「捨てる」ということは怖いことです。

もったいないという気持ちが湧き起こってくるので当然です。持てるものを手放すことは、「損をしてしまうのではないか」という心理も働いてしまいます。

そのブロックを外してあげないと、経営者は捨てられません。

たとえば、経営者が「えー、でもこのターゲットを捨てるのは怖いなー」と言ってくる場合もあるでしょう。

そういうときは、優先順位を明確にしてあげて、「今は○○を最優先にするべきだから〝**いったん**〟**他のことは捨てましょう**」というように、アドバイスしてみてください。

「いったん捨てるだけだから、あとでまた拾いましょう」とアドバイスして、捨てることは怖くないと思ってもらうのです。

このようなことで、経営者のメンタルブロックを外し、どんどん決めさせられるコンサルタントが稼げるコンサルタントなのです。

稼げる
コンサルタントの考え方

22

「決める」とは、何を捨てることになるか認識していること。「決める力」とは、「捨てる力」である。「決め上手」は「捨て上手」。「決めさせる」は「捨てさせる」。

第　5　章

500人以上に伝授した業種・業態・規模関係なく使える

「コンサルスキル」の違い

hint 23

稼げないコンサルタントは

無駄な努力を重ね、

稼げるコンサルタントは

成功の4ステップを踏む

世の中には、確実に無駄な努力があります。そんな努力を続けていても、結局何も得ることができないまま、時間だけが過ぎていきます。

コンサルタントとして成功するために「とにかく頑張る」という人は、なかなか稼げるコンサルタントにはなれないのです。なにげなく頑張って成功できるほど、コンサルタントの世界は甘くありません。

では、稼げるコンサルタントは、どのように成功の道を歩んでいったのでしょうか。稼げるコンサルタントにはあるパターンがあります。それは、成功するために４つのステップを踏むということです。

そのステップとは、

1　気づく

2　決める

3　やる

4　続ける

というものです。それでは、1つずつご説明していきます。

1　気づく

最初のステップは、「気づく」です。

たとえば、ユニクロはフリースを中国で生産して、○○円という価格で売れば、多くの人に購入してもらえると気づいたから成功したのです。気づくからこそ、行動できるのです。

ナンパをするにしても、隣にかわいい女性が歩いていることに気づくから声がかけられます。

人が行動を起こしたならば、「気づいた」瞬間が必ずあるのです。「○○に気づいた」という意識があって行動する人と、なんとなく動いている人では、前者のほうが行動のエネルギーも強いのです。

2　決める

気づいたら、次は「決める」というステップがあります。仕事とは決めることでもあるので、このステップを踏めなければコンサルタント失格です。

たとえば、クライアント先で、従業員の動きが悪いと気づいたら、無駄のない行動をしてもらうための指導に集中すると決める、ということが結果を出すためには不可欠になります。

3　やる

決めた後はどうするかと言えば、「やる」というステップを踏みます。

コンサルタントはいろいろなアイデアを持っていたとしても、実際に実行してもらう働きかけをしなければ結果は出せません。

これができないことで、クライアントが「年商10億行きたい」「新店舗を出したい」と考えていても、1年、2年と何もできていないという状況になっていることは多いのです。

これは思っているだけで行動が伴っていないからです。「決める」と「やる」はセットだと考えておいてください。

4　続ける

4番目のステップは、決めた行動を「続ける」というものです。行動に対して振り返りや反省をする人は多いのですが、それだけではなかなか結果は出ません。目標を達成するまで、クライアントに働きかけ続けることができないコンサルタントは稼げません。

たとえば、あなたもボクシングの試合をテレビで観ていて、コマーシャルになった瞬間に、腕立て伏せや腹筋をやったことがあるのではないでしょうか。

これは何が言えるかというと、ボクシングを見て気づいたということです。どう気づいたのかと言えば、「引き締まった体になったらかっこいいし、女性にモテるのではないか」と気づいたのです。

気づいたからこそ、腕立て伏せや腹筋をしようと決めたのです。そして、コマーシャルの間、実際に腕立て伏せや腹筋をやります。

しかし、その後も続けてトレーニングをやる人は少ないのです。トレーニングを続けなければ、引き締まった体はつくれません。トレーニングを続けられた人だけが、引き締まった体を手にできるのです。

気づいて、決めて、やっても、続けることができないからほとんどのコンサルタントが結果を出せません。

この4ステップを踏むコンサルタントだけが成功できるのです。

クライアントである経営者も同じです。いろいろなことに気づいて、決めて、やったとしても、それを続けられなかったら会社経営はうまくいくはずがありません。

そこで、あなたがコンサルティングに入って、続けられる仕組みをつくればどんどん良い結果が出ます。すると、あなたはクライアントにとってなくてはならない存在になれるのです。

ぜひ、この4ステップを踏むことを意識しながら、コンサルタントの仕事に向かってください。

稼げる
コンサルタントの考え方

23

「気づく」のは、価値観が明確だからである。「決める」「やる」ためのノウハウが、マーケティングであり、「続ける」ためのノウハウが、マネジメントである。

稼げないコンサルタントは
すべてを向上させる仕組みをつくり、

稼げるコンサルタントは
続ける仕組みをつくる

成功の4ステップの中で一番大事なのは、「続ける」です。

続けるためには、マネジメント力が必要になります。

マネジメントとは、続けるための仕組みづくりと言ってもいいでしょう。

成功の4ステップのうち、気づいて、決めて、やる、ということは、種をまいてどんどん木が育っていくというイメージを持っていただければわかりやすいかと思います。

しかし、木は育っていきますが、根がひょろひょろとした状態なら、いつ倒れるかわかりません。続けることは、木の根を太く強くすることだと考えてください。コンサルタントは、マネジメントをうまく駆使して、経営者に揺るがない経営を行なってもらうことが大切なのです。

経営も木を育てることと同じで、一度だけ、気づいて、決めて、水をまいても育ちません。効果はありません。やはり、水をまき続けること、つまり、やり続けることで経営はうまくいくのです。

マネジメントをうまく機能させるには、「品質」「時間」「数字」という3つのキーワードを意識することが大切です。

ここでは、わかりやすく経営の中でも、人材に関する例でお話ししていきましょう。

経営者としては、優秀な社員には退職せず、長く続けて働いてもらいたいところです。このときに、3つのキーワードを考えながら、優秀な社員に長く続けて働いてもらうためのマネジメント法を考えてみましょう。

仕事の内容は「品質」に当てはまります。勤務時間は「時間」に当てはまります。給料は「数字」に当てはまります。

社員は、このバランスを考えて仕事を続けるかを決めていきます。自分はこの仕事を続けられそうか、今の会社より○○という会社のほうがいいかな、というのは、品質・時間・数字が適正かどうかを見て判断しているのです。

社員は、仕事の内容がどんどん楽しくなっていけばやめませんし、給料がどんどん上がっていっても当然やめません。9時～17時勤務で土日は休みなどの条件ならやめません。

逆に、どんどん給料が下がったらやめますし、仕事の中身がどんどん面白くなくなればやめます。休みが少なくなっていけばやめます。

この3つを向上させることで、会社経営はうまくいくのです。

ただし、注意点もあります。多くの経営者は「品質」「時間」「数字」という3つをすべて向上させようとしてしまいます。

経営では、これはなかなか難しいのでうまくいきません。1回だけならこういう条件を整えることは可能かもしれませんが、続けることは不可能なのです。

品質・数字・時間の3つを全部上げるのは難しくても、どこかが下がっても、別の部分でカバーをして、相手が満足できたならこれはマネジメントができているということになります。

品質・時間・数字の3つで、バランスをとりながらレベルアップをするセンスが、経営者には大事なのです。

つまり、続けられる仕組みづくりのお手伝いをすることは、コンサルタントには必要な力なのです。

稼げる
コンサルタントの考え方

24

経営とは、マーケティング（決めること）の繰り返しである。経営＝「マーケティングの11キーワード」×「マネジメントの3キーワード」を常に意識せよ。

hint 25

稼げないコンサルタントは
やみくもにダイエットをし、
稼げるコンサルタントは
ダイエットの動機が明確である

成功には7つのプロセスがあります。稼げるコンサルタントは、このプロセスを意識しながらコンサルティングに向かっています。7つのプロセスは次のとおりです。

1　明確な理想がある
2　正確な現状を把握する
3　適切な期限を決めている
4　定期的な確認をしている
5　表面的な目的、目標を持っている
6　本当の目的、目標を持っている
7　強い動機がある

稼げるコンサルタントは、この7つのプロセスを駆使しながら、経営者に有効なアドバイスを行ないます。

ここでは、これらをわかりやすくダイエットに置き換えてご説明していきましょう。自分の仕事へ向かう姿勢に当てはめて考えてみてください。

AさんとBさんがダイエットを開始したとして話を展開していきます。AさんとBさんを対比しながら、どちらがダイエットに成功するかを見ていきましょう。

1　明確な理想がある

AさんとBさんはダイエットをしようとしています。Aさんは、「すごく痩せたい」と考えています。Bさんは「48キロになりたい」と考えています。

どちらがダイエットに成功すると思いますか？　答えはBさんです。なぜなら、明確な理想があるからです。

2　正確な現状を把握する

Aさんは「48キロになりたい」と考えています。しかし、今、自分の体重が何キロなのか知りません。58キロかもしれないし、68キロかもしれないし、ひょっとすると100キロかもしれません。

Bさんも、「48キロになりたい」と考えています。現在の体重は、58キロだとちゃんと知っています。

AさんとBさんでは、どちらがダイエットに成功できるでしょうか？　答えは、Bさんです。正確に現状を把握しているからです。

3　適切な期限を決めている

Aさんは「48キロになりたい」と考えています。現在の体重は58キロです。「とにかく早く痩せたい」と考えています。

一方、Bさんも「48キロになりたい」と考えており、現在58キロです。「3カ月後までに、48キロまで痩せたい」と考えています。

どちらがダイエットに成功するでしょうか？　答えはBさんです。

なぜなら、Bさんは明確な理想があって、正確な現状がわかっていて、適切な期限を設定しているからです。

この適切な期限を決めるということは非常に大切なことです。現在58キロで48キロになりたいとして、「今から30分で痩せる」と期限を切ったところで実現は不可能です。この期限の設定はうまいとは言えません。

「20年後に痩せたい」という期限を決めることも、長すぎるのでうまい期限設定だとは言えません。

適切な期限を決めるというのは非常に大事で、期限が短すぎても長すぎても効果は薄れてしまいます。

4　定期的な確認をしている

AさんもBさんも「48キロ」を目指しています。現在2人とも58キロで、「3カ月後までに痩せたい」と考えています。

Aさんは、3カ月後に体重計に乗る予定です。つまり、今日体重計に乗って、次に3カ月後に体重計に乗り、2回測定するということです。

Bさんは、今日から3カ月後まで毎日体重計に乗ります。

どちらがダイエットに成功するでしょうか?　答えはBさんです。

なぜなら、定期的な確認やチェックをしているからです。

5　表面的な目的、目標を持っている

AさんBさんともに48キロを目指してダイエットをしています。

Aさんは48キロという数字を目指してひたすらダイエットに励みます。

Bさんは、「この青いドレスが着たい！」という目標に向かってダイエットに取り組みます。言い換えれば、「青いドレスを着るために48キロを目指してダイエットをする」ということです。

どちらがダイエットに成功するでしょうか？　答えはBさんです。表面的な目的や目標があるからです。「表面的な」というのはどういうことであるのかは、次のステップ6でお話しします。

6　本当の目的、目標を持っている

Aさんは、青いドレスを着て鏡の前に立ち「私ってかわいい」と思うために48キロを目指しています。

Bさんは、3カ月後にパーティーがあるので、そこで目立って「かわいい」と言われたいから、青いドレスを着られるように48キロを目指してダイエットをしています。

この場合、どちらがダイエットに成功するでしょうか？　答えは、Bさんです。

本当の目的を明確に持っているからです。

パーティーに行って目立つとか、かわいいと言われたいのなら、別に青いドレスでなくても、ピンクのワンピースでも、赤のパンツスーツでもいいのです。

だからこの青いドレスを着るということは、いち手段でしかなく、本当の目的にはなりません。手段というのは、考えてみればいくつでもあるのです。これがステップ5の「表面的な」目的・目標ということです。

7　強い動機がある

Aさんは、パーティーに行って目立つためにダイエットをしています。

Bさんは、現在彼氏がいないので、「エリートが集まるパーティーで何がなんでも彼氏をゲットしたい」という動機があってダイエットをしています。

この場合は、どちらがダイエットに成功するでしょうか?　答えは、Bさんです。

なぜなら、強い動機があるからです。

このように、成功までには7つのプロセスがあります。このプロセスを経る人が結果を出しています。

明確な理想から、正確な現状を引くと、具体的な課題が見えてきます。

「自分にとっての課題は何なのか？」ということが見えてきます。

48キロになることが理想で、現在体重が58キロなら、48キロ－58キロ＝マイナス10キロなので、どうやってマイナス10キロするのかが課題なのです。

また、成功の7プロセスを経る中では注意点があります。それは、手段を目的だと思ってしまう場合があるということです。

先ほどもお話ししましたが、目的はあくまでパーティーで理想の彼氏をゲットすることです。しかし、青いドレスを着ることが目的になってしまう人がいます。彼氏をゲットするのなら、青いドレスを着て目立つということは手段の1つでしかありません。この点には注意が必要です。


コンサルタントは、経営者に成功の7プロセスを通過させる必要があります。

「何のためにこの商売をやっているのか」「何のためにここに新しく店を出すのか」そういうことを聞きながら、表面的な目的や目標と、本当の目的や目標は何なのかをヒアリングできるコンサルタントが稼げるコンサルタントです。そして、本当の目的を達成するための効果的なアドバイスをすることで稼げるコンサルタントになれるのです。

経営者は、知らず知らずのうちに、本当の目的を見失っているということが多いのです。

店舗数を増やしたのに、売上が落ちた。店舗数を増やして、売上は上がったけれど利益は落ちた。こういう経営者はたくさんいます。

店舗を増やして売上を上げることが本当の目的なのか、利益を上げることが本当の目的なのか、これを明確にして、それを達成するために有効なアドバイスをすることでコンサルタントは稼ぐことができるのです。定期的に経営者の本当の目的を確認することを意識的にしなければならないのです。


私はこの成功の7プロセスを、私自身の目標に当てはめて常に振り返るようにしています。

「何のためにこれをやっているのか」という意識を常に持つようにしているということです。本当の目的がコロコロ変わるようでは、考えがブレているということです。

そうならないように、常に本当の目標を見失わないように心がけています。
私は、よく1人戦略会議をしながら、この成功の7プロセスを振り返ります。

私は移動が多いので、1人になる時間が多くあります。そのときに、成功の7プロセスを、自分の目標に当てはめて考えてみるということをやります。

毎週1度は最低でも30分ほどをかけて、1人会議を行なっています。

このときに、思いついたことはメモしていきます。メモすることで思考が明確になるからです。大体、ノートかiPhoneにメモしていきます。

あなたもぜひ、成功の7プロセスを考える時間を定期的に取ってみてください。このプロセスを知らなければ、なかなか結果は出せないのです。

稼げる
コンサルタントの考え方

25

経営において、問題が何であるかがわからないことが問題。理想・現状・期限・確認・目的・目標・動機を明確にすること。自分自身の成功の7プロセスを把握すること。

hint 26

稼げないコンサルタントは

価値が勝手に伝わると考え、

稼げるコンサルタントは

価値を言葉に変えて伝える

経営者が持つべき重要な力に、「価値を言語化する」というものがあります。会社の価値、商品・サービスの価値を明確にお客さんに伝えることができれば、マーケティングやブランディングがうまくいくからです。

いいマーケティングやブランディングができれば、経営は安定します。

価値とは、とても定義が難しいものです。

人によって、価値という言葉のとらえ方は異なります。だからこそ、お客さんにクライアント先の価値を明確に伝える努力は大切になります。

私がコンサルティングに入るときに経営者に言うのは、「価値とは言葉で表わせなければならない」ということです。言葉にできなければ、価値がお客さんに伝わらないからです。

「弊社の価値はこういうものです」「商品の価値はこんなことです」ということが明確に伝えられなければ、どんなにいいものを持っていても意味がないのです。

たとえば、ここにクライアント先の商品であるたこ焼きがあったとします。

「このたこ焼きには、どんな価値があるのですか?」と経営者に尋ねます。

すると、経営者は「美味しい」から価値があると答えました。

しかし、マズイたこ焼きなど誰も買いません。

だから、美味しいのは当たり前であって、お客さんが「何がなんでもそのたこ焼きを食べたい!」という価値にはなりません。

「どのように」美味しいのかが価値になるのです。

そこで、「美味しいとは〝どのように〟美味しいのですか?」と聞くと、「とにかく美味しい」「食べればわかる」という答えが返ってきました。

しかし、このような答えの中に、残念ながら価値はありません。たこ焼きの価値が具体的に言語化されていないからです。

商品の価値を言語化する具体例

では、どうすれば価値を伝えられるのでしょうか。

正解は次のとおりです。

「このたこ焼きのタコは、明石のイケダコを使っていて、生地の小麦粉は国産の遺伝子操作をしていないものを使っている。六甲山の天然水を使っていて、中はとろっと外はカリカリに仕上げているから、美味しい」

こう答えられる経営者は、お客さんに商品の価値を伝えられていると言えます。

「食べればわかる」と言うのと、商品の魅力的な説明をするのとでは、あなたはどちらが食べたいと思いますか？

もちろん後者でしょう。それは、後者のほうが高い価値があると感じられたからです。

いくらいい会社でも、いい商品・サービスでも、それを言語化できなければ、価値がないということになるのです。

価値が伝わらなければ経営に変化は起こりません。繰り返しますが、価値とは言葉で表わせなければならないのです。

コンサルタントの明暗を分ける仕事

とにかく、経営者には価値を言葉にすることの大切さを伝えるべきです。

モスバーガーは高級感や手作り感のイメージが強いからお客さんがついているのです。マクドナルドはすぐに食べられて、手軽な価格で購入できるというイメージがあるからお客さんがついています。

自社の価値を言語でうまく表現しているからこそ、お客さんはイメージし、購入を決められるのです。お客さんは勝手にイメージを感じているのではなく、言葉にしているから感じることができるのです。

業種・業態・規模に関係なく経営者がやっていることとは、自社のサービスや商品の価値を生み出し、その価値を高めることです。

自社のサービスや商品の価値を言葉で伝える。つまり、価値を生み出し、価値を高め、価値を伝える。これを繰り返しているのです。

稼げるコンサルタントになるためには、クライアント先の商品やサービスの価値を言語化する手助けをしなければならないのです。
逆に、価値が言語化できないようでは、稼げるコンサルタントになるのは、難しいでしょう。

稼げる
コンサルタントの考え方

26

価値とは、「言葉」で表せるもの。言葉にならないものは一切価値がない。言葉によって、価値を生み出し、価値を高め、価値を伝えろ。

hint 27

稼げないコンサルタントは
成功を説明できず、

稼げるコンサルタントは
成功をキーワードで説明できる

業種・業態・規模、関係なく、クライアントにアドバイスをするときに、私は「成功の15キーワード」というものを使います。

コンサルティングの依頼が来て、はじめて会社を訪問したときには、相手が何をしている人なのか詳しくわかっていない状態です。どんな会社なのかもわかりません。そんな状態でいいアドバイスはできません。

クライアント先のことを詳しく知るために、月1回1年間訪問して、会社の状況を把握して1年後からコンサルティングをスタートさせましょうというのでは遅すぎます。その間に会社は傾くかもしれませんし、1年後からコンサルティングをスタートさせますというのでは、依頼も取り消されてしまうでしょう。

経営者は、今すぐにでもコンサルティングに入ってもらいたいから依頼してきているのです。

そこで、クライアント先の状況を短時間で把握するために、「成功の15キーワード」を使うのです。稼げないコンサルタントは、会社の状況を短期間で把握する術を持っていないから結果を出せないのです。

クライアントは「何を目標にしているのか」「どこに行こうとしていて、今どの辺を通過しているのか」「そこに行くために何が整っていて、何が足りないのか、何が抜けているのか」「どこが強くて、どこが弱いか」といったことを、15のキーワードで把握することで有効なアドバイスができます。社長の経営の全体図を把握して、打つ手を考えるというイメージを持っていただければいいでしょう。

クライアントの現状を知らなければ、アドバイスのしようもありません。

たとえば、ドライブをしていて、神戸から東京を目指しているとして、今、名古屋を通過しているというのがわかれば、あと何時間で到着できるのか、ガソリンはどれだけ必要か、高速代はいくらかかるか、といったことがわかります。

東京を目指しているけれど、今どこを走っているのかわからない人に、あと◯時間で到着するとか、どこで休憩をしたらいいのか、といったことをアドバイスすることはできません。

こういう視点が抜け落ちているコンサルタントは、結果を出すことができません。何をしてもらえばいいのかが不明瞭なので、有効なアドバイスなどできるはずがないからです。

とにかく、クライアントのゴールまで最短で行くためには、「成功の15キーワード」

が必要なのです。それでは、「成功の15キーワード」をご紹介していきましょう。

1　価値観

価値観が定まっていない、価値観がぼやけている経営者はいくら頑張っても成功しません。経営者がどんな価値観を持っているのかを把握しましょう。

2　動機

経営者というのは、自分の価値観に向かって動いていかなければなりません。経営者は「決めてやる」ことが仕事です。「やる」とは行動。行動するときには動機が必要になります。そこで、経営者の行動の動機を知っておくことが大事になります。

3　イメージ

経営者が目標を達成するには、強いイメージを持つことが必要になります。たとえば、業界1位になるということが、明確で具体的にイメージできているかが重要になります。経営者が持っているイメージをコンサルタントは知っておかなければなりません。

4　目的

たとえば、業界1位になるというイメージは、具体的には年商100億円になることだとします。明確にわかる目的として年商100億円という誰からも客観的にわかる目的が決まっていなければ、そこまで歩む道を明確にできません。コンサルタントは、経営者の目的をしっかりと確認しましょう。

5　分解

年商100億円達成するまでのパターンを、たとえば、「Aの事業で50億円、Bの事業で30億円、Cの事業で20億円――」であったり、「現状30億円なので、1年後に40億、2年後に60億円、3年後に100億円――」といったように、分解して、細かい設定を着実にクリアしていくことで100億円までたどっていくことができます。分解をどれだけできるかが達成に大きく関わってくるのです。ゴールまでの道筋をどれだけ分解できるかが、コンサルタントの腕の見せどころになります。

6　手段

目的が決まったら、どうやってそれを達成するかという手段が重要になります。とれる手段を把握しておくことも大事です。手段は無数にあります。

7　ノウハウ（クライアント独自の技術・サービス）

効率良く、正しく目的を達成するためにはノウハウが必要です。クライアント独自のノウハウがどのようなもので、どのように活かすことで経営にプラスになるのかを把握しておきましょう。

8　現状

目的を達成するには、今のクライアントの、経営者としてのレベルやスタッフのレベル、会社のレベルがどんなものかという現状把握が必要です。

9　原理原則

目的を達成するには、原理原則が必要です。

10　リーダー

ビジネスを成功させるためには、社長であり、店長であり、チームリーダーが誰なのかを知る必要があります。リーダーが誰なのかを把握しましょう。

11　仲間

リーダーには仲間が必要です。リーダーの仲間も把握しておきましょう。この会社には、どんな社員さんがいるのか？　このプロジェクトのスタッフは誰なのか？

12　資格

ビジネスでは、許認可が必要な業種があります。参入するのに届けが必要だったり、その業界でやっていくためには一定以上の資格を持っている社員が必要だったりします。それがちゃんとあるのか把握します。

13　教育

教育はとても大事です。必要な力やノウハウを研修やセミナーなどで、教育がされているかどうか、仕組みがあるかどうかを把握します。

14 ルール
ビジネスで言うと法令順守、コンプライアンス、就業規則、業界のルールがあるのかを把握します。

15 予算
最後に、予算は大切です。経営に使えるお金がいくらあるのか把握しておきましょう。

これらの要素から、クライアントの現状を探りつつ、有効なアドバイスをするコンサルタントは稼ぐことができるのです。

稼げる
コンサルタントの考え方

27

目の前の経営者の状況を15キーワードで一瞬で把握しろ。経営者の現状を短時間でイメージすることが重要である。経営者とイメージが共有できればあなたの信頼度がアップ。

hint 28

稼げないコンサルタントは

社員を応援するだけで、

稼げるコンサルタントは

社員にゲームを楽しませる

「社長。『やる気を出せ！　頑張れ！』という言葉は逆効果ですよ」

私は、クライアントである経営者にこうアドバイスします。

経営者は、常に社員のやる気を高めようとします。効率的に動いてほしいし、自発的に動いてほしいからです。極論を言えば、社員に成果を出させたいので、とにかくやる気を出させて、高い集中力で働かせようとしてしまいます。

社員のモチベーションは、そのまま業績に影響しますので、そうなってしまうのも仕方がないことではあります。

しかし、「やる気を出せ！」「頑張れ！」という言葉は使ってはいけません。

誰もが、「もっと頑張れ！」「やる気を出せ！」と、教師や親に言われたことがあるはずです。たとえば、通信簿で国語が2だったとすれば、親は「国語をもっと頑張れ！」と言うでしょう。

でも、国語が2だった原因は、国語が嫌いだからにほかなりません。嫌いなものを「頑張れ！」と言われれば、嫌な気分になってモチベーションが下がるのが人間です。

つまり、「頑張れ！」という言葉自体が、長年の経験から気分が重たくなるスイッチになっているのです。

「頑張れ！」「やる気を出せ！」という言葉は、応援のニュアンスがあるので、すごく良い言葉のように思われています。

しかし、実際は、「頑張れ！」というキーワードが耳に入ったとたん、気分が重たくなるスイッチが入って「しんどいな……」「だるい……」となってしまうのです。

だから、「頑張れ！」「やる気を出せ！」という言葉は使ってはいけないのです。

口先でやる気を出させようとするのではなく、楽しみながら働かせる工夫をすることがやる気を出してもらうための最良の策なのです。

「どうすれば、社員は楽しめるのか」を考えるべきなのです。

ドラゴンクエストに代表されるロールプレイングゲームを、人は楽しみながらやります。

ロールプレイングゲームは、ゴールに向かって冒険していくゲームです。クリアする過程が楽しいわけです。

ゴールがないロールプレイングゲームは、誰もやらないでしょう。

攻撃力とか、守備力などの数字とかがなくなっても誰もやらないでしょう。戦っていて、突然敵に倒されて、ゲームオーバーになってはならないはずです。数字が出るから、その範囲内で戦略を立てながら戦っていくのが楽しいのです。

また、敵がいないロールプレイングゲームも誰もしないでしょう。

私は、「頑張れ！」と社員に言うぐらいなら、ロールプレイングゲームをしている感覚で働けるようにすることが得策だと思います。

社員にゴールを設定させて、今の状況で与えられているものを使いながら、達成させるのです。自分の成長度合いを数字で把握し、仕事をゲーム感覚で楽しめる仕組みをつくるのです。また、社内にライバルをつくってあげるのです。

こういうゲーム的な要素を社員に与えてあげるだけで、1人ひとりのモチベーションは上げることができます。ぜひ、一度試してみてください。

稼げる
コンサルタントの考え方

28

「やる気を出せ！」「頑張れ！」は禁句。各々のゴール設定、成長や進捗を数字で確認できる仕組みづくり。ノルマとしての数値管理ではなく、やる気を引き出すための数字。

稼げないコンサルタントは
物事を漠然と考え、

稼げるコンサルタントは
物事を分解して考える

たとえば、「成果を上げる」と決意したとしても、〝成果〟という言葉は漠然としすぎていて、何をすればいいのか、がわかりません。

「どこから手をつけていいのかわからない……」という状況では、具体的な行動が伴わないので、成果など上がるはずがないのです。

京セラの名誉会長である稲盛和夫氏は、「成果＝考え方×熱意×能力」だと言っています。成果を、「考え方」と「熱意」と「能力」に分解することによって、はじめてどうすれば成果を上げられるのか考えることができるのです。

「どういう考え方をすれば成果が上がるのか」
「熱意をどう高めていけば成果が上がるのか」
「どんな能力を身に付け、高めていけば成果が上がるのか」

ということを、考える視点が持てなければ、やみくもに働いて、無駄な努力を積み重ねることになりかねません。

コンサルタントなら、経営者に成果を出させる手助けをするために、マーケティングやマネジメントの能力をどうやって上げていくのかを分解して考えると、具体的に何をすればいいのかが見えてきます。

年収1億円も分解する力から

先にも述べましたが、年収1億円を稼ぐには、時給5万円を稼ぐ仕事をしなければならないということも、物事を分解していると言えます。

美容業界などでは、「売上＝客数×客単価×リピート率」などとよく言われますが、これも物事を分解していることにほかなりません。これは、売上を分解しているということです。

この「売上＝」という視点を持てれば、さまざまな方程式を導き出すことができます。

たとえば、「売上＝カット売上＋パーマ売上＋トリートメント売上＋ヘアカラー売上」という式もつくれるのです。

こういう分解ができれば、「どうすればカットの売上を上げられるのか」「どうすればパーマの売上を上げられるのか」という思考を持つことができます。

「売上＝晴れの日売上＋雨の日売上」と考えることもできるでしょう。

すると、「雨の日の売上を上げるためにこんなサービスをしよう」とか、「雨の日はお客さんの数が減るから、来てもらうために○○というサービスをしよう」といった思考が生まれます。

方程式をつくれる人が稼げる

物事を分解する考え方が身に付けばいろいろな方程式をつくり出すことができます。

「売上＝男性売上＋女性売上」

「売上＝客数×1席あたりの売上×椅子の数」

「売上＝アシスタントの売上＋スタイリストの売上」……。

分解する思考を持ち、方程式を生み出す力が付けば、さまざまな改善ポイントを見つけ出すことができるのです。

売上1つをとってみても、いくつ方程式をつくれるのかでコンサルタントの力量がわかります。

「売上＝客数×客単価×リピート率」としか、売上を上げるための方程式がつくれないコンサルタントと、いろいろな方程式をつくれるコンサルタントでは、依頼は後者に殺到するはずです。

物事をさまざまな形に分解できるコンサルタントは稼げるコンサルタントです。方程式をつくり出すコンサルタントだけが稼ぐことができるのです。

稼げる
コンサルタントの考え方

29

目標を達成するために最初に必要な力は「分解力」。売上方程式をいくつ生み出せるかがコンサルタントの力量。稼げるコンサルタントは自分の売上方程式を多数持っている。

第 6 章

億万長者も実践している
1冊の本を
100回反復する

「学習戦略」
の違い

hint 30

稼げないコンサルタントは他人に投資し、

稼げるコンサルタントは自分に投資する

学びにどれだけお金をかけられるかが、稼げるコンサルタントと稼げないコンサルタントを分ける指針になります。

稼げるコンサルタントになるためには、それだけ上質な学びが必要なのです。

稼げるコンサルタントは、学ぶために躊躇なくお金を投資します。

無駄にお金を使えとは言いませんが、自分に投資することは必要不可欠なのです。

稼げるコンサルタントは、常に学ぶ姿勢を持っています。

投資をするというと思い浮かぶのは、株などの金融商品に投資をするということでしょう。しかし、これは素人には有効な方法だとは言えません。

なぜなら、金融商品は他人だったり、国だったり、会社にお金をかけるということになるので、コントロールできない要素が多すぎるからです。

また、金融の世界は、限られたトップエリートが集まっており、そういう頭脳明晰な人が何十時間もかけて市場で戦っているので、素人が勝てる勝負ではないのです。

その点、学びにお金を投資することは、自分次第で大きなリターンを得ることができますし、投資したお金が無駄になるということもありません。
自分自身が一番コントロールできる商品なので、損をする可能性が低いと言えます。
だからこそ私は、学びにお金をかけることをおすすめするのです。

学びにお金を使う2つのメリットとは？

学びにお金を使うメリットは、

1　自分の価値を高める

2　付き合う人が変わり、ステージが上がる

という2つがあります。それでは、1つずつご説明していきます。

1　自分の価値を高める

今持っているノウハウというものは陳腐化していったり、時代が進めば使い物にならなくなっていきます。コンサルタントという職業は、常に新しいノウハウを仕入れていかなければ立ちゆかなくなります。

商売というのは、何かを仕入れて、それを加工して商品だったり、サービスを売るということなので、少し考えてみればわかるはずです。

その仕入れというのが、コンサルタントの場合は学びになります。これを怠るということは、仕入れをしない会社と同じなので、当然稼ぐことはできません。さらには、現状を維持することも難しいでしょう。

稼げるコンサルタントになるためには、常に学び、自分の商品価値を高める努力が必要なのです。

商品価値を高めるためには、「自分は何を仕入れているのか」という視点を常に持たなくてはなりません。その仕入れる内容の質が低いと、自分という商品の価値も低くなってしまうからです。

繁盛しているステーキレストランは、品質の良いお肉を仕入れるから、お客さんを満足させる料理を提供できるのです。

これが、お金をかけずに、品質の悪いお肉を仕入れ、料理を提供していれば、当然お客さんの満足度も下がります。

稼げるコンサルタントになるためには、常に経営者に役立つノウハウを学び、良質な考え方を提供してあげられなければならないのです。

こうすることで、あなた自身の商品価値は高まり、稼げるコンサルタントに成長できるのです。

2　付き合う人が変わり、ステージが上がる

また、学びにお金を投資することで、付き合う人が変わり、あなたのステージが上がります。

ある程度の高い金額を払ってセミナーや講演会に参加すると、志の高い人と出会うことができます。

高額のお金を自分に投資する人は、「絶対にお金をかけた分だけは、身に付けてやる」という本気度が高いのです。

セミナーや講演会では、近くにいる人とコミュニケーションをとる機会も増えます

ので、参加するだけで意識の高い人たちと接することになります。つまり、付き合う人が変わってくるので、自分のステージも上がっていくのです。

高額なお金を払って学びに来ているということは、それを払えるだけのステージの人が来ているということです。そういう人たちは、実際にそれだけのお金が払えるということなので、イコール仕事がうまくいっている人ということになります。

そういう人と接し、交流を持つことで、あなたのビジネスが加速する情報を得られる可能性が高まります。そういう人と情報交換すると、それがあなたの経営資源になるということです。

言い方はよくありませんが、無料や格安のセミナーや講演に参加しても、参加者もそれなりのレベルの人でしかありません。自分のステージを引き上げてくれる人には、なかなか出会えないでしょう。セミナーや講演で学べるノウハウ自体も、レベルがそんなに高いものではないはずです。

そういう意味では、高額なセミナーや講演に意識的に参加することには価値があります。

まずは年間100万円程度を自己投資に

自己投資に使う金額は、目安として年間100万円ほどが理想です。稼げるコンサルタントは最低でもこのくらいの金額は使っています。厳しい話ですが、このくらいの金額を使わなければ、稼げるコンサルタントにはなれないと思っていただいていいでしょう。

コンサルタントとして成功するために学ぶべきことは、人それぞれでケースバイケースです。

ただし、今まで自己投資をする習慣がない人は、なかなか何を学べばいいのかわからないというのが現状でしょう。

何を学べばいいのかわからないという人は、まずはコミュニケーションのノウハウを学んでみてください。

コンサルタントの仕事というのは、経営者と対面してコミュニケーションをとったり、クライアント先の従業員とコミュニケーションをとることが多いからです。このスキルを伸ばしておけば、少なくともコンサルティングの現場で困るということはなくなります。
自分の将来にお金を投資するという意識を持って、学ぶことに貪欲になりましょう。

稼げる
コンサルタントの考え方

30

商売には仕入れが必要であり、良いものを仕入れると高く売れる。コンサルタントにとっての仕入れは、学びである。最もローリスク・ハイリターンな投資は、自己投資である。

hint 31

稼げないコンサルタントは

矢沢永吉もサザンもうろ覚えで歌い、

稼げるコンサルタントは

矢沢永吉の歌1曲を完璧に歌い上げる

「真面目に勉強しているのに、なかなか効果的なアドバイスができない……」

「セミナーにもよく参加するし、本もよく読むのに、なかなか結果が出ない……」

自己投資にはしっかり時間をかけているのに、こういった悩みを抱えているコンサルタントは案外多いのが現実です。


こういったことが起こってしまう原因は、学習の仕方が間違っているからです。

一生懸命頑張っていたとしても、根本的なことが間違っていれば結果が出るはずがありません。

クライアントに効果的なアドバイスができるコンサルタントは、「1つのことを完璧に極める」「厳選した1つのノウハウ習得に集中する」という学習のコツをつかんでいます。

たとえば、アメリカから一流のマーケティングの講師が来日するとします。マーケティングの勉強をしたいと考えているコンサルタントなら、もちろんそのセミナーに参加するでしょう。

その1年後に、再度その講師が来日して同じ内容のセミナーを行なうとして、それに参加するでしょうか。

おそらく、しないでしょう。この先生のこのセミナーにはすでに参加したことがあるから、同じお金と時間を使うなら違うセミナーに参加しよう、と考えてしまうのです。

しかし、一度学んだだけでは、ノウハウをしっかりと身に付けることはできません。

ノウハウをマスターする秘訣とは?

ノウハウを身に付けるということは、歌を歌うことと同じです。

矢沢永吉さんの曲を一度聴いただけでは、その曲はカラオケボックスに行っても、うまく歌えません。

もし、カラオケに行ってその曲を歌おうと思ったら、何度も矢沢永吉さんのその曲を聴いて、何度も口ずさんで練習しなければ歌うことはできません。

それと同じように、「このノウハウを身に付けて、クライアントにいいアドバイスをしよう」と考えたら、徹底的にそのノウハウを何回も学び、実践しなければ身に付かないのです。

多くの稼げないコンサルタントは、セミナーもあれもこれもと参加しますし、本もあれもこれもと読んでいきます。

これでは、いろいろな曲の歌詞を見たことはあるけど、結局1曲も歌えないという状況に陥ってしまいます。

つまり、ノウハウを自分のものにして、クライアントにアドバイスすることはできないということです。

本当にノウハウを身に付けて、効果的なアドバイスをしたいのなら、何回も同じ曲を聴き続けられるかがポイントになります。

1冊の本を100回読みなさい

世界的に有名なメンタルコーチがまだ無名だったころに、億万長者であるメンター

（自分がお手本としている人）にこう質問したそうです。

「どうすれば成功できるのですか？」

その人は、「ナポレオン・ヒルの『思考は現実化する』という本を読みなさい」とアドバイスをくれました。

そのコーチはアドバイスに従い、一度その本を読んでみました。

数日後、そのコーチはメンターにこう尋ねられました。

「あの本は何回読んだ？」

「1回です」と答えたら、メンターは「僕は何十回も読んでいるよ」と言ったそうです。

普通の人は、1冊の本は1回しか読まないし、セミナーにも1回しか参加しません。

ここに、稼げる人と稼げない人の違いが生まれるのです。

稼げるコンサルタントは、1冊の本を最低でも10回ほどは読みます。

稼げないコンサルタントは、矢沢永吉の曲も聴くし、サザンの曲も聴くということもしてしまいます。たくさん曲は知っているけれども、1曲も歌えないのです。

100冊の本を1回ずつ読むより、1冊の本を100回読んだほうが意味があるのです。


まずお手本とする人は1人に絞っておいたほうがいいですし、お手本とするノウハウは1つにするほうがいいのです。

稼げるコンサルタントは、学ぶと決めた特定の1人のノウハウ、学ぶと決めた1つのノウハウを徹底的に習得してから、次にいくのです。

稼げないコンサルタントが陥りがちなワナ

すごく運動神経がいい子供がいるとしても、月曜日はサッカーのコーチに学ぶ、火曜日は野球のコーチに学ぶ、水曜日はバスケットのコーチに学ぶ、木曜日はゴルフのコーチに学ぶ、金曜日は水泳のコーチに学ぶ、土曜日は体操のコーチに学ぶ、日曜日はボクシングのコーチに学ぶということをやっていて、スポーツがうまくなるでしょうか。

これでは、一流のコーチに学んだとしても、どのスポーツも中途半端なスキルしか身に付きません。

稼げないコンサルタントは、こういう学習をしているのです。いろいろな先生からいろいろなことを学んだほうが、いいコンサルタントになれると思っているのです。でも実は違うのです。

こういう学習の仕方をする人は、突出した能力のないコンサルタントになってしまうので稼ぐことができません。

どんな人から学べばいいのか？

また、稼げるコンサルタントを目指すのなら、「誰に学ぶのか？」という点も重視してください。本にしてもセミナーにしても、学ぶ人を間違っては、学習の時間が無駄になるからです。

学ぶべき人は、結果を出していて、自分の将来の理想像に近い人です。

さらには、その人から学んだ人が結果を出しているかどうかをきちんと見て、厳選してみてください。稼げていない人から学んでも、結果は出せません。

あれもこれもと手を出さず、稼げている人から本物のノウハウを学び、しっかりと自分のものにしていける人が、稼げるコンサルタントになっていくのです。

稼げる
コンサルタントの考え方

31

ノウハウを駆使するのは歌を上手に歌うことと同じ。中途半端に１００曲歌えるより完コピで１曲歌え。１００冊の本より１冊の本、１００人の師匠より１人の師匠から学べ。

私には、「日本を元気にしたい！」という強い想いがあります。

具体的にすべきことは、まず現在の日本の経済を活性化させることです。

そのためには、日本経済の土台を担っている全国各地域の中小企業や個人企業の経営者の方々を活性化することではないでしょうか。

経営者を活性化させる役割が、我々コンサルタントなのです。

しかし、経営者を活性化させるためのコンサルタント自身が活性化できていなければ、どうしようもありません。

活性化しているコンサルタントを増やすことが、多くの経営者を活性化することとなり、全国各地域を活性化させることとなり、最終的には日本を活性化させるのです。

「活性化しているコンサルタント」とは、「中小企業にしっかりと成果を生み出すことで、結果として『稼いでいるコンサルタント』」ということになります。

稼げるコンサルタントを日本中に増やすことが私の使命であると感じています。

コンサルタントの仕事は、人の役に立ち、本当にやりがいのある稼げる仕事です。

しかし、美味しい料理をつくれる料理人のお店が必ずしも繁盛しているわけではないのと同じように、レベルの高いノウハウを持つコンサルタントが必ずしも稼いでいるわけではないのです。

本書では、コンサルタントとして稼ぐために必要な考え方やノウハウを専門用語を使わずにまとめてみました。

特に本書で紹介している「マーケティングの11キーワード」を徹底的に活かすことで、あなたも必ず稼げるコンサルタントになれると断言できます。

さて最後に……。

『サムライコンサル塾』の塾生の皆様、本当にありがとうございます。

皆様が私のノウハウの実践結果をたくさん報告してくださったおかげで、私のノウハウが本当に業種・業態・規模に関係なく成果を生み出すノウハウであることが実証され、結果報告をもとにさらにノウハウが体系化され磨きがかかりましたことを感謝します。

著　者

【著者紹介】
柳生 雄寛（やぎゅう・たけとも）

実践経営コンサルタント。神戸生まれ・神戸育ち。日本一の経営コンサルタント養成講座『サムライコンサル塾』塾長。19歳の時に起業。イベント企画、人財派遣、飲食店経営、通信関連事業、輸入代行業など数多くの事業を立ち上げた後、船井総合研究所にヘッドハンティングされ、入社。マーケティング、マネジメント、ブランディングなどの実践ノウハウを体系的に習得し、1日の報酬が35万円以上というトップコンサルタントとなる。経営者の経験を持つ希少なコンサルタントの価値を活かし、業種業態（NTT、人材派遣会社、IT企業、教育ビジネス、エステサロン、飲食店、ホストクラブ等）や規模を問わず、切れ味鋭いアドバイスで高い評価を得る。その後、船井総合研究所から独立し「人生は、誰と出会うかで決まる！」をコンセプトにマックスビジョン株式会社を設立。日本を元気にするためには、中小企業の経営者を元気にすることが不可欠であり、そのために経営者の身近な存在である士業（サムライ業）の先生がコンサルティングノウハウを身に付け、成果を生むお手伝いができるようになれば、より多くの経営者が変わるという考えに至る。そこで士業者向けに経営コンサルタント養成講座『サムライコンサル塾』を展開し、現在5年目。全国8カ所（東京・名古屋・大阪・福岡・札幌・広島・岡山・姫路）で開催。士業者や経営者500名以上の塾生が、実践的かつ再現性のある内容で成果を上げている。また、意識の高い大学生にもマーケティングノウハウを基礎とした成功哲学を教え、2名の上場会社社長を誕生させるなど、若手の起業家も続々と輩出している。

構成：森下裕士
ブックデザイン：鈴木大輔・江崎輝海（ソウルデザイン）

稼げるコンサルタント　稼げないコンサルタント

2015年 4月16日　第1刷発行
2015年 5月 3日　第2刷発行

著　者　柳生　雄寛
発行者　八谷　智範
発行所　株式会社すばる舎リンケージ
〒170-0013　東京都豊島区東池袋3-9-7　東池袋織本ビル1階
TEL 03-6907-7827　FAX 03-6907-7877
http://www.subarusya-linkage.jp/
発売元　株式会社すばる舎
〒170-0013　東京都豊島区東池袋3-9-7　東池袋織本ビル
TEL 03-3981-8651（代表）　03-3981-0767（営業部直通）
振替 00140-7-116563
http://www.subarusya.jp/
印　刷　ベクトル印刷株式会社

落丁・乱丁本はお取り替えいたします

ISBN978-4-7991-0436-1